Friedrich Christoph Pe...

Logik

SEVERUS
Verlag

Poetter, Friedrich Christoph: Logik,
Hamburg, SEVERUS Verlag 2010.
Nachdruck der Originalausgabe, Gütersloh 1887.

ISBN: 978-3-942382-12-0
Druck: SEVERUS Verlag, Hamburg, 2010

Bibliografische Information der Deutschen Nationalbibliothek:
Die Deutsche Nationalbibliothek verzeichnet diese Publikation in der Deutschen Nationalbibliografie; detaillierte bibliografische Daten sind im Internet über http://dnb.d-nb.de abrufbar.

Die digitale Ausgabe (eBook-Ausgabe) dieses Titels trägt die
ISBN 978-3-942382-13- und kann über den Handel oder den Verlag bezogen werden.

© **SEVERUS Verlag**
http://www.severus-verlag.de, Hamburg 2010
Printed in Germany
Alle Rechte vorbehalten.

Der SEVERUS Verlag übernimmt keine juristische Verantwortung oder irgendeine Haftung für evtl. fehlerhafte Angaben und deren Folgen.

Anmerkung des Herausgebers:

Dieses Buch ist ein Nachdruck der Originalausgabe von 1887.
Aus diesem Grund sei der interessierte Leser darauf hingewiesen, dass im vorliegenden Werk das klassische „ß" zeitgenössisch als „ſs" geschrieben wird.

Vorwort zur zweiten Auflage.

Die vorliegende zweite Auflage der Logik habe ich einer genauen Durchsicht unterworfen, habe mich aber nur selten veranlaſst gesehen, Veränderungen vorzunehmen oder Ergänzungen hinzuzufügen.

Möge das Werkchen auch auf seiner zweiten Wanderung eine freundliche und wohlwollende Aufnahme finden!

Bielefeld, im September 1886.

F. Ch. Poetter.

Inhalt.

Seite

Einleitung 1

I. Buch. Die Geschichte der Logik.

I. Kapitel. Die Logik vor Aristoteles.

§ 5. a) Die Logik bis Sokrates 5
§ 6. b) Sokrates und Plato 6

II. Kapitel. Die aristotelische Logik.

§ 7. a) Die Logik des Aristoteles 8
§ 8. b) Die nacharistotelische Logik 10
§ 9. c) Die Logik des Mittelalters . . . . . . 11.

III. Kapitel. Die Logik der neuern vorkant. Philosophie

§ 10. a) Idealismus 12
§ 11. b) Empirismus 13
§ 12. c) Skepticismus 13

IV. Kapitel. Die Logik Kants.

§ 13. a) Kant 14
§ 14. b) Kants Schule 16
§ 15. V. Kapitel. Die Logik Hegels 18
§ 16. VI. Kapitel. Die Dialektik Schleiermachers . 19
§ 17. VII. Kapitel. Neuere und neuste Ansichten . . 20

II. Buch. Die Aufgabe der Logik und deren Lösung.

A. Die Aufgabe.

I. Kapitel. Definition und Abgrenzung.

§ 18. a) Nähere Bestimmung der Aufgabe 25
§ 19. b) Logik und Metaphysik 25
§ 20. c) Definition der Logik 27

II. Kapitel. Voraussetzungen der Logik

§ 21. a) Die unbewuſste Entwicklung der Denkgesetze . . 28
§ 22. b) Die vorhandenen Vorstellungen 28
§ 23. c) Die Sprache 29

B. Die Lösung der Aufgabe.

I. Teil. Der Begriff.

III. Kapitel. Das verschiedene Verhältnis der Vorstellungen.

§ 24. a) Merkmale und Teilvorstellungen 30
§ 25. b) Einzelne und allgemeine Vorstellungen 30
§ 26. c) Untergeordnete, übergeordnete, entgegengesetzte Vorst. 30
§ 27. d) Einfluſs der über- und untergeordneten Vorstellungen auf den Inhalt 31

IV. Kapitel. Definition des Begriffs.

§ 28. a) Definition 32
§ 29. b) Geschichtlicher Überblick 33
§ 30. c) Verschiedene Einteilungen . . . . . , 34

V. Kapitel. Die Begriffsbestimmung.

§ 31. a) Definition der Begriffsbestimmung 35
§ 32. b) Verschiedene Definitionen 36
§ 33. c) Falsche Definitionen 37

VI. Kapitel. Die Einteilung.

§ 34. a) Definition derselben und geschichtl. Überblick . . 37
§ 35. b) Übergang zum Urteil 39

II. Teil. Das Urteil.

VII. Kapitel. Begriff u. Einteilung des Urteils.

§ 36. a) Definition des Urteils 39
§ 37. b) Geschichtlicher Überblick 40
§ 38. c) Einteilung 41

VIII. Kapitel. Das einfache und plurale Urteil; (Quantität).

§ 39. a) Das Benennungsurteil 42
§ 40. b) Das Prädikat ist Verb oder Adjektiv 43
§ 41. c) Die Subjekte sind Impersonalien 43
§ 42. d) Die Subjekte sind Abstracta 44
§ 43. e) Relationsurteile 44
§ 44. f) Objektive Gültigkeit der erzählenden Urteile . . . 45
§ 45. g) Erklärende Urteile 45

IX

	Seite
§ 46. h) Die pluralen Urteile	45
§ 47. i) Die allgemeinen Urteile	46
§ 48. k) Geschichtlicher Überblick	46

IX. Kapitel. Urteile a priori und a posteriori, analyt. und synth. Urteile.

§ 49. a) Urteile a priori und a posteriori	47
§ 50. b) Synthetische und analytische Urteile	48
§ 51. c) Die Entstehung der Urteile	48
§ 52. d) Geschichtlicher Überblick	49
§ 53. e) Übergang zur Negation	51

X. Kapitel. Die Negation; (Qualität).

§ 54. a) Nähere Bestimmung der Negation	52
§ 55. b) Geschichtlicher Überblick	52
§ 56. c) Die negativen Urteile folgen den positiven	53
§ 57. d) Vier Urteile aus der Verbindung der Quantität und Qualität	53
§ 58. e) Kontradiktorisch und konträr entgegengesetze Urteile	54
§ 59. f) Der Satz des Widerspruchs und der Identität	55
§ 60. g) Geschichtlicher Überblick	56
§ 61. h) Fortsetzung des vorhergehenden §	57
§ 62. i) Der Grundsatz des ausgeschlossenen Dritten	58
§ 63. k) Geschichtlicher Überblick	59
§ 64. l) Übergang zur Modalität	60

XI. Kapitel. Die Modalität der Urteile.

§ 65. a) Problematische, assertorische, apodiktische Urteile	61
§ 66. b) Geschichtlicher Überblick	61
§ 67. c) Die reale Notwendigkeit	62
§ 68. d) Die reale Möglichkeit	62
§ 69. e) Der Satz vom Grunde	63
§ 70. f) Geschichtlicher Überblick	64
§ 71. g) Übergang zur Relation	65

XII. Kapitel. Die Relation der Urteile.

§ 72. a) Nähere Auswahl des Stoffes	66
§ 73. b) Das hypothetische Urteil	66
§ 74. c) Das disjunktive Urteil	67

XIII. Kapitel. Die unmittelbaren Folgerungen.

§ 75. a) Nähere Erklärung; Übergang zum Schluſs	68
§ 76. b) Die Opposition	69
§ 77. c) Die Veränderung der Relation	69
§ 78. d) Die Äquipollenz	69

		Seite
§ 79. e) Die Subalternation	. . . .	70
§ 80. f) Die modale Konsequenz	. . . . . .	70
§ 81. g) Die Konversion	. . . .	70
§ 82. h) Die Kontraposition	. . . .	71
§ 83. i) Geschichtlicher Überblick	. . . . .	72

III. Teil. Der Schluſs.

XIV. Kapitel. Definition, Bedeutung und Einteilung des Schlusses.

§ 84. a) Definition	. . . .	73
§ 85. b) Geschichtlicher Überblick	. . . . .	73
§ 86. c) Bedeutung des Schlusses	. . . . . .	74
§ 87. d) Geschichtlicher Überblick	. . . . .	75
§ 88. e) Einteilung	. . . .	77

XV. Kapitel. Der einfache kategorische Schluſs.

§ 89. a) Definition	. . . .	78
§ 90. b) Die vier Schluſsmodi	. . . . . .	78
§ 91. c) Geschichtlicher Überblick	. . . . .	79
§ 92—94. d) Ungültige Kombinationen	. . . .	80
§ 95. e) Die vier Schluſsmodi der ersten Figur	. . .	82
§ 96. f) Schemata und Beispiele	. . . . .	82
§ 97. g) Die vier Schluſsmodi der zweiten Figur	. .	84
§ 98. h) Schemata, Beispiele, Reduktionen	. . .	84
§ 99. i) Die sechs Schluſsmodi der dritten Figur	. .	85
§ 100. k) Die fünf Schluſsmodi der vierten Figur	. .	86
§ 101. l) Verschiedener Wert der Schluſsmodi	. . .	87

XVI. Kapitel. Der hypothetische Schluſs.

§ 102. a) Der einfache hypothetische Schluſs	. . .	88
§ 103. b) Der gemischte hypothetische Schluſs	. .	88
§ 104. c) Geschichtlicher Ueberblick	. . . .	89

§ 105. XVII. Kapitel. Der disjunktive Schluſs	. .	90
§ 106. XVIII. Kapitel. Die Modalität des Schlusses	.	92
§ 107. XIX. Kapitel. Die zusammengesetzten Schlüsse.	93

XX. Kapitel. Die Induktion.

§ 108. a) Die reine Induktion	. . . . . .	94
§ 109. b) Geschichtlicher Überblick	. . . .	95
§ 110. c) Der Schluſs der Analogie	. . . .	95
§ 111. d) Der Wahrscheinlichkeitsbeweis	. . . .	96
§ 112. e) Die Hypothese	. . . .	96

XXI. Kapitel. Der Beweis.

§ 113. a) Wesen und Formen des Beweises 98
§ 114. b) Geschichtlicher Überblick 100

III. Buch. Kurze Zusammenfassung des logischen Systems.

§ 115. I. Kapitel. Das begriffliche Wissen . . . 105
§ 116. II. Kapitel. Das ideelle Abbild der realen Wirklichkeit 107
§ 117. III. Kapitel. Die erwiesene Übereinstimmung von Denken und Sein 112

EINLEITUNG.

§ 1.

Während die Geschichte der Philosophie die **Entwicklung** des nach der Erkenntnis der Wahrheit strebenden menschlichen Denkens von den ersten Anfängen bis zur gegenwärtigen Höhe der Wissenschaft darstellt, faſst die **Logik die Gezetze** ins Auge, denen jenes Denken bei seiner auf die Erkenntnis gerichteten Arbeit unterstellt ist. Da sich diese Gesetze **mit dem Denken** entwickelt haben, so fordert die Logik zwar ebenfalls die Berücksichtigung ihres geschichtlichen Werdens; — ihre Hauptaufgabe besteht indes **in der systematischen Darstellung der Denkgesetze** auf Grund des Resultates der bis zur Gegenwart reichenden historischen Entwicklung.

§ 2.

Die Aufgabe und das Wesen der Logik werden in der Gegenwart verschieden aufgefaſst. Die verschiedenen Auffassungen greifen in die Geschichte zurück, indem sie irgend eine in derselben hervorgetretene Richtung einseitig für die allein berechtigte Basis der Logik halten. Daraus folgt, daſs die Berücksichtigung des geschichtlichen Werdens unserer Wissenschaft um so notwendiger ist, als sich aus derselben allein wird bestimmen lassen, welche logische Richtung die gröſste Berechtigung für sich hat.

§ 3.

Wir haben bei unserer Darstellung der Logik zweierlei zu beachten: Einmal nämlich haben wir darauf zu sehen, daſs der Wissenschaft, **welche ihren Zweck in sich selbst** trägt, nichts vergeben wird; — und sodann dürfen wir den **besonderen Zweck**, d. h. die Berücksichtigung der Leser, auf welche unser Büchlein berechnet ist, in keiner Weise aus den Augen verlieren. Es wird indes nicht schwer sein, das Eine zu thun und das Andre nicht zu lassen; denn einerseits haben wir die Logik nicht nach subjektiven Reflexionen, sondern, wie es § 2 verlangt, in einer solchen Weise darzustellen, dafs dabei lediglich die gegenwärtige Höhe der Wissenschaft, welche die **allgemeine** Anerkennung für sich hat, das Mafsgebende ist, und andrerseits können, abgesehn von der geschichtlichen Übersicht, bei dieser Darstellung die abweichenden logischen Richtungen leicht die ihnen auch im einzelnen gebührende Berücksichtigung finden. Dadurch wird der Leser in den Stand gesetzt, uns auch für den Fall mit Nutzen zu folgen, dafs sein logisches Wissen auf eine bestimmte philosophische Richtung beschränkt ist.

§ 4.

Der Inhalt unserer nachfolgenden Darstellung ergiebt sich aus dem vorhergehenden von selbst: Es handelt sich zunächst um **einen geschichtlichen Überblick über die Entwicklung der Logik**; sodann ist **die Aufgabe der Logik und deren Lösung** ins Auge zu fassen; endlich wird eine kurze Zusammenfassung des logischen Systems zu geben sein.

I. Buch:
Die Geschichte der Logik.

I. Kapitel.

Die Logik vor Aristoteles.

§ 5.

Die jonische Philosophie richtet sich unmittelbar auf die Erkenntnis der Dinge, nicht auf das Denken, welches diese Erkenntnis vollzieht. Die Pythagoreer machen, um das Wesen der Welt zu erkennen, die Zahl zum Princip und richten demgemäfs ihr Hauptaugenmerk auf die Ordnung und Harmonie des Weltalls; die Elemente der Zahlen sind für sie die Elemente des Seins überhaupt.

Die ersten Anfänge der Logik treten uns bei den Eleaten entgegen. Diese nämlich werfen die Frage auf, ob es möglich sei, dafs etwas beides, Werden und Sein, in sich vereinigen könne. Indem diese Frage verneint, mithin das Wesen der Dinge als das eine, ewige, unwandelbare Sein gefafst wird, werden die widersprechenden Begriffe für absolut unmöglich erklärt. Nur das ist denkbar, was sich nicht widerspricht; das sich Widersprechende ist undenkbar. Darin zeigen sich die ersten Keime des Gesetzes der Identität und des Widerspruchs. Auch behauptet der Eleate Parmenides zuerst die Befähigung des Denkens zur objektiv wahren Erkenntnis, d. h. er konstatiert die Identität zwischen Denken und Sein; denn dadurch, dafs das Denken erklärt: „Nur das Sein ist, das Nichtsein ist nicht," stellt es den reinen Begriff des Seins als Princip auf, welcher für Subjekt und Objekt gleiche Gültigkeit hat. Die zuerst geübte Kunst der indirekten Beweisführung hat dem Zeno den Namen „des Erfinders der Dialektik" eingebracht.

Im Gegensatz zu den Eleaten erklärt Heraklit das Werden für denknotwendig; das Werden ist ursprünglich, stetig und ewig. Damit wird dasjenige als etwas notwendig zu Denkendes hingestellt, was dem Gesetz der Identität geradezu widerspricht. Während die Einheit der Gegensätze von den Eleaten stets verneint wird, wird dieselbe von den Herakliteern stets bejaht. Erstere erinnern an Herbart, letztere an Hegel. Nach Empedokles besteht alles, Subjekt und Objekt, aus gleichen Elementen und wird auch das Gleiche durch Gleiches erkannt. Anaxagoras begründet die Erkenntnisfähigkeit der menschlichen Vernunft dadurch, dafs dieselbe der alles erkennenden göttlichen Vernunft gleichartig ist. Demokrit unterscheidet die dunkle Erkenntnis von der echten; jene wird durch die Sinne, diese durch den Verstand gewonnen.

Die Sophistik ist darauf bedacht auf Grund der bisherigen Entwicklung der Philosophie die Unmöglichkeit des Wissens überhaupt darzuthun. Sie geht aus teils von den Eleaten, teils von Heraklit. Dadurch, dafs der Satz: Jedes Urteil ist entweder wahr oder falsch, umgestofsen wird, hört der Unterschied zwischen Wahrem und Falschem überhaupt auf; der Mensch als Individuum ist das Mafs aller Dinge und die subjektive Willkür mifsbraucht die Dialektik zur Erreichung egoistischer Zwecke.

§ 6.

Sokrates fordert das begriffliche Wissen als das allein wahre und wirkliche. Mit ihm richtet sich das Denken auf sich selbst; es wird untersucht, auf welchem Wege eine objektiv wahre Erkenntnis der Dinge zu gewinnen sei. Diese Erkenntnis beruht auf einem Urteil, in dem alle denkenden Subjekte gleichmäfsig übereinstimmen und welches auf die Weise zustande gekommen ist, dafs es die Probe aller Widersprüche und Gegengründe bestanden hat. Ein solches Urteil ist nur auf dem Wege der Induktion zu gewinnen, als deren Urheber Sokrates zu betrachten ist. Die ἐπακτικοί λόγοι führen zur Begriffsbestimmung, τί ὁρίζεσθαι καθόλου.

Während die Cyrenaiker und Cyniker bei ihrer

Vorliebe für die ethischen Probleme die logischen Fragen entweder vollständig ignorieren, oder doch nur in **sophistischer Weise** anwenden, verbinden die **Megariker** mit der sokratischen Begriffsbildung die eleatische Lehre vom Sein. Dieser Lehre gemäfs sind die Begriffe das wahrhaft Seiende, Unveränderliche. Indem nun aber, um die Unwahrheit des endlichen Seins zu beweisen, die herkömmlichen Vorstellungen nach Art eines Zeno und Gorgias verwirrt und in ihrer Unhaltbarkeit nachgewiesen werden, entfernt man sich immer mehr von dem Geiste eines Sokrates und die Dialektik wird zur **Eristik**.

Plato geht zunächst dadurch über Sokrates hinaus, dafs er das logische Denken auf sämtliche Gebiete des Wissens ausdehnt, also nicht auf die ethischen Probleme beschränkt. Die wahren Objekte der Erkenntnis sind die **Begriffe**, mit deren Bildung es die Dialektik zu thun hat. Die Dialektik besteht aus der **Verknüpfung und Einteilung**. Während jene durch das Aufsuchen der gemeinschaftlichen Merkmale die Gattungen, **Ideen**, bildet, also von der Vielheit zur Einheit emporsteigt, sucht diese die Gattungen in ihre Arten zu zerlegen, d. h. sie hat die Aufgabe, die Gattungen näher zu bestimmen und einzuteilen; in der einen Idee müssen die Unterschiede aufgezeigt werden, welche die in derselben enthaltenen besonderen Arten ergeben. Eben diese logische Einteilung bezeichnet Plato als die wahre Methode des wissenschaftlichen Erkennens. Das verschiedene Verhältnis der Begriffe zu einander, ob sie nämlich übergeordnet, nebengeordnet, oder untergeordnet sind, bestimmt **das Urteil**, während die Definition die Unterordnung eines Begriffs unter sämtliche ihm übergeordnete ausdrückt. Plato hat zwar die Theorie dieser logischen Denkoperationen keineswegs zur Klarheit gebracht, aber doch enstchieden vorbereitet. Ebenso lässt sein Denken die Richtung auf das Auffinden der **Kategorien** hin deutlich erkennen. Confr. zu Kap. I. Teil I, § 1—10; Poetter, Geschichte der Philosophie, § 8—24, 27, 28, 32, 38, 41, 42. —

II. Kapitel.
Die aristotelische Logik.
§ 7.

Aristoteles, der „Vater der Logik," läfst sich die so eben bei Plato entdeckten Keime in der Darstellung dieser Wissenschaft zur herrlichsten Blüte entfalten. Diejenigen Schriften des Aristoteles, welche die logischen Lehren enthalten, hat man mit dem Namen Organon bezeichnet. Dafs neben diesem Organon die Metaphysik ihre Stelle findet, beruht auf einer nicht blofs äufsern, sondern innern Unterscheidung. Unser Philosoph hat nämlich zum ersten Mal die logischen Elemente von den metaphysischen genauer unterschieden. Die Entwicklung der Logik geschieht in einer solchen Weise, dafs die Hauptmomente in besondern Schriften dargestellt werden, ein Umstand, welcher nicht nur die Wichtigkeit der Logik für Aristoteles, sondern auch die streng systematische Form der logischen Entwicklung erkennen läfst.

Es handelt sich um die Begriffsbestimmung; denn diese involviert die wahre Erkenntnis. Um zur Begriffsbestimmung zu gelangen, sind zunächst die Kategorien ins Auge zu fassen, welche die allgemeinsten Bestimmungen des Seienden ausdrücken. Die Kategorien sind die Elemente des Urteils. Im Urteil mufs alles entweder als Subjekt, oder als Prädikat gedacht werden; mithin sind diese beiden Begriffe die Grundbegriffe, auf denen alles Urteilen beruht; (substantia und affectiones; οὐσία und πάϑη.) Die Urteile sind bejahend oder verneinend, wahr oder falsch. Im wahren Urteil mufs sich die Wirklichkeit mit der Aussage decken. Mit dem bejahenden Urteil steht jedesmal ein verneinendes im kontradiktorischen Gegensatz. Kontradiktorische und konträre Gegensätze unterscheiden sich dadurch voneinander, dafs jene einen Widerspruch, diese einen Widerstreit enthalten. Alle Urteile fassen das Subjekt entweder als etwas Singulares, oder als etwas Universelles. Die

Kap. II. Die aristotelische Logik. § 7.

Aussage der Urteile wird entweder unter den Gesichtspunkt der Wirklichkeit, oder der Möglichkeit, oder der Notwendigkeit gestellt. (Qualität, Quantität und Modalität der Urteile).

Der Schluſs entsteht aus einer derartigen Verbindung mehrerer Urteile, daſs aus dieser Verbindung etwas von denselben Verschiedenes mit Notwendigkeit folgt. Die Richtigkeit des Schlusses beruht **auf der Wahrheit der Prämissen**. Absolut wahre Prämissen sind nur solche, welche als **Axiome** durch sich selbst gewiſs sind. Diese Gewiſsheit ist aber nur im **Wesen** der Sache enthalten; denn nur hierin liegt der Realgrund für die einzelne Erscheinung, welche aus dem Wesen folgt.

Beweisen läſst sich eine Sache also nur aus dem Wesensgrunde derselben, **aus dem Sein, welches war**. Das Wesen einer Sache enthält teils allgemeine, teils eigentümliche Bestimmungen; jene kommen ihr an und für sich zu, diese, insofern sie diese bestimmte Sache ist. Aus beiden zusammen aber folgt, was die Sache in Wahrheit ist, weshalb sie das ist, was sie ist, und weshalb sie nicht anders ist, als wie sie erscheint. Ein solcher Beweis führt zur **Definition**, d. h. zur objektiv wahren, allumfassenden Erkenntnis. Neben diesem **deduktiven** Verfahren wird indes auch die **Induktion** als zum Wissen führend anerkannt. Diese geht von unten nach oben, faſst die Einzelwesen der Gattung ins Auge und versucht an der Hand der **Dialektik** das Wesen zu erkennen. Die Dialektik unterwirft diejenigen Sätze, welche zwar für wahr gehalten werden, aber in der That zweifelhaft sind, einer genauen Prüfung, um dadurch ihre Wahrheit oder Unwahrheit zu konstatieren. Es liegt in der Natur dieses Verfahrens, daſs es nicht über den höchsten Grad der Wahrscheinlichkeit hinausführt.

Die hier gegebenen Grundzüge der aristotelischen Logik werden in unserer späteren Darstellung ihre nähere Erklärung finden. Confr. Teil I, § 11; Poetter § 57.

Bei Aristoteles ist festzuhalten, daſs er in der Logik den Denkformen die reale Beziehung keineswegs abspricht.

Die sogenannte formale Logik identifiziert sich mit Unrecht mit dem logischen Denken des Stagiriten. Dieser fordert, daſs der Gedanke mit der Wirklichkeit übereinstimme und sieht in dieser ein wirklich erkanntes, reales Abbild von jenem. Das begriffliche Wissen hat das Wesen der Dinge erfaſst und den verschiedenen Formen des Urteils entsprechen die realen Verhältnisse jener.

§ 8.

Unter den Nachfolgern des Aristoteles haben die Peripatetiker die Logik nur in einzelnen Punkten weiter gebildet. Die Stoiker lassen die zu Ende des § 7 hervorgehobene reale Beziehung der Denkformen je mehr und mehr auſser acht. Da das Hauptgewicht bei ihnen auf der Tugend beruht, so tritt das Erkennen als solches zurück. Die Wahrnehmung als die Quelle der Erkenntnis ist wesentlich subjektiv. Ebenso sind die Begriffe etwas durchaus Subjektives, da es objektiv nur Einzelwesen giebt. Die Stoiker vindizieren zwar dem Denken die Fähigkeit, die Wirklichkeit in Wahrheit zu erkennen; aber es ist dabei zu beachten, daſs es hier hauptsächlich darauf ankommt, alles Mögliche beweisen zu können; die stolze Autarkie des stoischen Weisen erfordert diese Fähigkeit des Denkens. Ob die Vorstellung dem Wesen des Vorgestellten entspricht, ist dabei gleichgültig. Auch darin, daſs innerhalb dieser philosophischen Schule die Logik vorwiegend zur Dialektik wird und mit der Rhetorik und Grammatik in nahe Beziehung tritt, offenbart sich der formale Charakter des logischen Erkennens.

Den Epikureern gilt die sinnliche Wahrnehmung als Kriterium der Wahrheit, während die Skeptiker die Erkenntnisfähigkeit des Denkens überhaupt leugnen. Die Neuplatoniker beschäftigen sich zwar eingehend auch mit dem Studium der aristotelischen Logik; der eigentümliche Charakter ihres Systems bringt es indes mit sich, daſs sie die wissenschaftliche Vermittlung der Erkenntnis für unmöglich halten. Confr. Teil I, § 12—16; Poetter, § 69—72, 76—78.

§ 9.

Während die **Kirchenväter**, insofern überhaupt die Philosophie ihr Interesse in Anspruch nimmt, sich vorwiegend an Plato und Plotin anschliefsen, kommt die aristotelische Logik erst wieder zur Geltung in den Lehrbüchern der sogenannten septem liberales artes (Grammatik, Rhetorik, Dialektik, Arithmetik, Geometrie, Astronomie, Musik) eines **Marcianus Capella** und **Cassiodorus**. Ebenso bildet das Organon ein Hauptstudium **der Araber** und **Juden**. Erstere vermitteln im 13. Jahrhundert die Bekanntschaft der aristotelischen Schriften für das Abendland, während hier schon im 12. Jahrhundert das Organon eingehende Berücksichtigung findet. Die **Scholastik** findet den materiellen Inhalt ihres Denkens vorwiegend in den christlichen Dogmen. Ihre Vertreter huldigen teils **dem Realismus**, teils **dem Nominalismus**; ersterer behauptet die reale Existenz der allgemeinen Begriffe, letzterer sieht in dem allgemeinen, in den Gattungen, lediglich subjektive Bezeichnungen ohne objektive Gültigkeit; wirklich sind für ihn nur die einzelnen Dinge. Die Herrschaft des Nominalismus am Ende der Scholastik führt den Fall derselben herbei. Verliert das Denken sein Vertrauen auf die Möglichkeit okjektiv wahrer Erkenntnis, dann mufs notwendig an die Stelle des Wissens der Glaube treten; damit hat sich die Logik von dem Geiste eines Aristoteles weit entfernt. Die **Reformatoren** suchen die Philosophie von den Fesseln der Scholastik zu befreien. Das gilt namentlich von der aristotelischen Logik, welche **Melanchthon** in seinen Lehrbüchern dem Schulunterricht zu Grunde legt. Confr. Teil I, II; Poetter § 79.

III. Kapitel.
Die Logik der neuern vorkantischen Philosophie.

§ 10.

Die neuere Philosophie ist in ihren Anfängen wesentlich antischolastisch, insofern sie die Erkenntnis der Dinge nicht auf eine äufsere Autorität, sondern lediglich auf die Macht des Denkens gründet. Sie spaltet sich in die Richtungen **Idealismus** und **Empirismus**, welche beide auf den **Skepticismus** hinauslaufen.

Der mit **Cartesius** beginnende Idealismus behauptet: Alle Erkenntnis ist reines Denken; was ich klar und deutlich einzusehn vermag, ist wahr. Die logische Methode besteht demnach in **der Deduction**. Aus einem obersten Princip, welches unmittelbar gewifs ist, werden die Dinge erkannt. Während die Erfahrung nicht imstande ist, ihre Wahrheiten endgültig zu beweisen und während die syllogistische Methode nur mit bereits vorhandenen Wahrheiten zu operieren vermag, beruht die Deduktion auf intuitiver Erkenntnis; die **Intuition** verlangt einen genauen, geordneten und lückenlosen Fortschritt der Untersuchung. Es leuchtet ein, wie Cartesius durch seine Methode sowohl Aristoteles (§ 7), als auch Baco (§ 11) entgegentritt.

Das oberste Princip **Spinozas** ist die **Substanz**; der Inhalt der Ethik ist die Entfaltung dessen, was aus diesem Princip folgt. **Leibnitz** fafst die Monaden als Kräfte und entwickelt in seiner Philosophie den Begriff der Kraft. Die auf der Entfaltung immanenter Kräfte beruhende Entwicklung von unten nach oben ist der Grundgedanke dieses Philosophen. Der Irrtum beruht auf dem Mangel an Klarheit und Deutlichkeit. Die Demonstration hat die Aufgabe, den Irrtum zu heben; ihre Principien sind der Satz des Widerspruchs und der Satz vom zureichenden Grunde. **Wolff** hat die Logik auf Grund der Principien seines Meisters nach mathematischer Methode systematisch dargestellt. Confr. Teil I, III, § 4—7. Poetter § 81—105.

§ 11.

Der Empirismus, dessen Begründer Baco ist, läfst die Erkenntnis in der Erfahrung begründet sein. Hier fällt der Logik die Aufgabe zu, die durch die Sinne vermittelte Wahrnehmung richtig zu leiten, resp. richtig aus derselben zu schliefsen. Daraus folgt, dafs die Methode der Logik nur in der Induktion bestehen kann. Die Induktion geht von der Betrachtung des Einzelnen aus und steigt von hier zu immer höherer Allgemeinheit auf. Der Wert der Deduktion und des Syllogismus wird von Baco vollständig verkannt.

Locke's Reflexionen sind wesentlich psychologischer Natur. Dieselben sind indes insofern auch für die Logik von Wichtigkeit, als sie die Frage nach der objektiven Gültigkeit der Begriffe zu lösen suchen. Die Sensation besteht darin, dafs die Sinne von den Objekten der Seele dasjenige mitteilen, was hier die Vorstellungen hervorbringt; die Reflexion setzt die Sensation voraus, indem sie die innern Thätigkeiten beachtet, welche die Seele auf Anlafs derselben ausübt. Indem nun aber die Sensation kein treues Abbild der Objekte liefert, wird das Denken auf die objektiv wahre Trennung und Verbindung der Zeichen der Dinge beschränkt und somit lediglich als formales Vermögen gefasst. Dieselbe Ansicht findet sich schon bei Hobbes.

An Locke schliefst sich einerseits Condillac, welcher die Reflexion verwirft und alles auf die Sensation zurückführt, (Sensualismus); andrerseits Berkeley, welcher behauptet, es gebe nur Geister und Ideen; das Sein der Dinge sei ihr Vorgestelltwerden. Confr. I, III, § 2, 8—10; Poetter, § 105—120.

§ 12.

Hume fafst bei seinen philosophischen Erörterungen namentlich den Begriff der Kausalität ins Auge. Die Behauptung des Idealismus nämlich, dafs das Denken imstande sei, den Zusammenhang der Dinge zu erkennen, giebt jenem Begriffe den Wert einer angeborenen Idee, während der Empirismus denselben als Erfahrungsbegriff hinstellt. Es fragt sich nun, welche von beiden Richtungen, resp. ob überhaupt eine von beiden recht hat. Diese Frage beantwortet Hume folgendermafsen: Alle Erfahrung beruht auf Eindrücken; die Kausalität ist kein Eindruck, also auch kein Erfahrungsbegriff. Das Denken ferner kann wohl Vorstellungen zerlegen, analysieren, nicht aber **verknüpfen**, es vermag mithin nicht einzusehn, dafs das Eine Ursache des Andern ist. Die Kausalität ist demnach weder Verstandes- noch Erfahrungsbegriff und die Erkenntnis der Dinge ist unmöglich.

Diese Reflexionen Humes sind für die Logik insofern wichtig, als der Kausalitätsbegriff eine **Kategorie** ist. Die auf diese eine Kategorie gerichteten Erörterungen müssen sich naturgemäfs auf alle erstrecken und die von Aristoteles zuerst aufgestellte Lehre von den Kategorien wird dadurch vertieft und bereichert, dafs die Frage **nach dem Ursprunge der Kategorien** als Problem aufgestellt wird. Confr. I, III, § 12; Poetter, § 121—122.

IV. Kapitel.
Die Logik Kants.

§ 13.

Bei Kant ist zunächst die **Ausbildung der formalen Logik** ins Auge zu fassen. Wie alles in der Welt nach Regeln geschieht, so ist auch der Verstand bei seinen Handlungen an Regeln gebunden, die wir untersuchen können. Diese Regeln können unabhängig von aller Erfahrung eingesehen werden, weil sie blofs die Bedingungen des Verstandesgebrauchs überhaupt enthalten. Die Logik ist eine Vernunftwissenschaft **nicht der Materie, sondern der blofsen Form nach**. Wie der aufnehmende Spiegel und der einfallende Lichtstrahl als swei verschiedene Dinge einander gegenüberstehen, so sind Subjekt und Objekt, Denken und Gegenstand voneinander getrennt. Es gilt, den Verstand rein für sich, also abgesehen von allen metaphysischen und psychologischen Verhältnissen zu betrachten, um auf diese Weise die Principien kennen zu lernen, nach denen er denken soll. Während die formale Logik Kants auf die Vergangenheit zurückweist, indem sie die hier entdeckten Momente einer solchen Wissenschaft zusammenfafst und auf den schärfsten Ausdruck bringt, läfst uns die transcendentale Logik, als die Bahnbrecherin einer neuen Richtung in die Zukunft blicken. Die Kritik der reinen Vernunft stellt sich die Aufgaben, den Ursprung, Umfang und die Grenzen der menschlichen Erkenntnis genau zu untersuchen. Den Impuls hierzu erhält Kant durch den in § 12 erörterten Skepticismus Humes. Kant unterscheidet zunächst analytische und synthetische Urteile; jene sind blofs Erläuterungsurteile, indem bei ihnen das Prädikat schon versteckterweise im Subjekte enthalten ist, z. B. der Körper ist ausgedehnt; — diese sind Erweiterungsurteile, insofern sie zu dem Subjekte etwas hinzuthun, was sich nicht durch Zergliederung desselben gewinnen läfst, z. B. der Körper ist schwer. Die letzteren Urteile ferner dürfen, wenn sie Notwendigkeit und strenge Allgemeinheit erzeugen sollen, keine Erfahrungsurteile, nicht a posteriori, sein; denn die Erfahrung ist nicht imstande Notwendigkeit und strenge Allgemeinheit zu erzeugen. Dazu sind Urteile a priori nötig, d. h. solche, deren Ursprung nicht in der Erfahrung, sondern lediglich im Subjekte liegt. Demnach hängt die Möglichkeit wahrer Erkenntnis ab von der Möglichkeit synthetischer Urteile a priori. Diese Urteile sind möglich; denn die menschliche Sinnlichkeit besitzt zwei reine Anschauungsformen a priori, nämlich Raum und Zeit (transcendentale Ästhetik); der Verstand ferner ist im Besitz reiner Erkenntnisformen a priori, nämlich der Kategorien der Quantität, Qualität, Relation und Modalität (transcendentale Logik). Diese Formen sind gewonnen an der Hand der formalen Logik, indem es nach Kant eben so viele Verstandesbegriffe als Urteilsformen giebt. Erstere unterscheiden sich vom letzteren dadurch, daſs sie mit einem **transcendentalen Inhalt** erfüllt sind, d. h. mit einem Inhalt, welcher der Natur als deren Bedingung vorhergeht. Die Materie der Erkenntnis wird uns von auſsen durch die Sinne vermittelt; daſs aber diese Materie eine geordnete ist, d. h. daſs sie Natur ist, hat seinen Grund in unsern Anschauungs- und Erkenntnisformen a priori. Wir schreiben der Natur die Formen vor, in denen sie erscheinen, die Gesetze, denen sie sich unterwerfen muſs. Humes Behauptung, daſs die Kausalität weder Erfahrungs- noch Verstandesbegriff, mithin die Erkenntnis unmöglich sei, ist überwunden. Die Kausalität ist ein reiner Verstandesbegriff a priori und als solcher anwendbar auf die Objekte; diese müssen sich ihm unterstellen. Was aber von der Kausalität gilt, das gilt von allen Kategorien.

Daſs durch diese Erörterungen Kants der Logik in groſsartiger Weise neue Gesichtspunkte eröffnet werden, leuchtet sofort ein. Wenn nur nicht das Ding an sich die weitgehenden Illusionen unnachsichtig wieder zerstörte! Wir erkennen nämlich durch unsere subjektiven Geisteskräfte nur die Erscheinungswelt, wir können nur erfahren. Was die Dinge an sich sind, d. h. ihr der Erscheinung zu Grunde liegendes verborgenes Wesen, bleibt uns für alle Ewigkeit verschlossen; eben deshalb ist auch die Erkenntnis der Seele, der intelligiblen Welt und die Erkenntnis Gottes unmöglich. Confr. Teil I, III, § 13; Poetter, § 123—137.

§ 14.

Die Logik hat innerhalb der kantischen Schule mannigfache Bearbeitungen im Sinne des Meisters gefunden. Wesentlich modifiziert erscheint dieselbe bei **Fries**. Fries nämlich wirft die Frage auf, auf welchem Wege die von Kant entdeckten reinen Verstandesbegriffe gewonnen werden und kommt bei der Beantwortung dieser Frage zu dem Resultat, daſs die Möglichkeit der Vernunftkritik auf der **empirischen Psychologie** beruht. Die Kategorien werden durch

Beobachtung und Erfahrung a posteriori erkannt. Demgemäfs erbaut sich auch die Logik bei Fries auf **psychologischer Grundlage**. Sie zerfällt in die reine und angewandte Logik; erstere handelt von den Formen des Denkens, letztere von dem Verhältnis der Denkformen zur menschlichen Erkenntnis überhaupt. Bei jener wird der menschliche Geist auf seine Denkthätigkeit hin untersucht und die Frage beantwortet, welche Gesetze der Denkformen aufgestellt werden können; — diese behandelt die infolge der gedachten Erkenntnis stattfindende Aufklärung unserer Erkenntnis und die Methodenlehre. Confr. Teil I, III, § 14.

Während **Fries** die empirisch-psychologische Richtung unter den Schülern Kants vertritt, nimmt **Herbart den Realismus** für sich in Anspruch, jedoch so, dafs hierbei **der Metaphysik die Hauptrolle zufällt**. Herbart unterscheidet die Logik streng von der Metaphysik. Diese hat die **Berichtigung der Begriffe** zur Aufgabe, während jene sich mit **der Verdeutlichung** derselben zu befassen hat. Die Logik hat sich weder darum zu kümmern, ob die Denkformen überhaupt objektive Bedeutung haben, noch ist es ihr Geschäft, irgendwie in die Metaphysik und Psychologie hineinzugreifen. Objektiv wahre Erkenntnis zu erwirken, ist allein die Metaphysik imstande; **die Logik ist eine rein formale Wissenschaft**. Confr. Teil I, III, § 18; Poetter § 144—146.

Fichte verwirft die Logik als Wissenschaft überhaupt. Da es nämlich unmöglich ist, die Form vom Stoffe, das Ich vom Nichtich, irgendwie zu trennen, so mufs auch eine Wissenschaft unmöglich sein, welche diese Trennung versucht. Dasselbe gilt von **Schelling**, welcher das höchste Princip seiner Philosophie in der Indifferenz des Absoluten erblickt; hier ist das Organ des Philosophierens die ein für allemal fertige **intellektuelle Anschauung**. Über die Berechtigung, auch Fichte und Schelling unter den Schülern Kants anzuführen, confr. Teil I, III, § 14, 15; Poetter § 138—143, § 150—156.

V. Kapitel.
Die Logik Hegels.

§ 15.

Hegel, von Fichte und Schelling ausgehend und namentlich die Philosophie des letzteren zur systematischen Vollendung führend, verwirft den Unterschied zwischen Logik und Metaphysik. Form und Inhalt, Denken und Sein, sind principiell identisch. Die Begriffe der Vernunft sind die Principien alles Seins. Zwischen der objektiven Entwicklung der Dinge und der Denkthätigkeit des menschlichen Geistes besteht eine absolute Harmonie. Dem reinen Gedanken ist das Gesetz dialektischer Selbstentwicklung immanent. Diese Selbstentwicklung beginnt mit dem einfachsten, abstraktesten Begriffe und steigt, indem sie jeden Begriff in sein Gegenteil umschlagen läfst und die Vermittlung des Gegensatzes von Identität und Negativität als die höhere Einheit beider betrachtet, bis zum absolut Höchsten empor. Indem nun die Selbstentwicklung des Seins dieser dialektischen Entwicklung des Denkens durchaus entspricht, beruht das Kriterium der Wahrheit lediglich in der Richtigkeit der letzteren; was in subjektiver Beziehung mit logischer Notwendigkeit gedacht wird, ist objektiv wirklich.

Die Logik fafst die Idee im abstrakten Elemente des Denkens, d. h. sie abstrahiert bei ihrer Aufgabe von der Verwirklichung der Idee, betrachtet dieselbe gewissermafsen als den Grundrifs im Haupte des Architekten. Sie zerfällt in drei Teile: 1. Das Sein, 2. Das Wesen, 3. Der Begriff. In der Lehre vom Sein werden die Kategorien der Qualität, Quantität und des Mafses behandelt; der zweite Teil erörtert das Wesen als Grund der Existenz, die Erscheinung und die Wirklichkeit; der Begriff wird zunächst als subjektiver Begriff gefafst und handelt vom Begriff, Urteil und Schlufs, wobei auch die Hauptbestimmungen der formalen Logik abgehandelt werden; — sodann folgt die Lehre von der Objektivität und von der Idee, deren Momente das Leben, das Erkennen und die absolute Idee bilden.

Die Logik ist der Kern und Mittelpunkt des ganzen hegelschen Systems. Die absolute Idee ist das wahrhaft Wirkliche, in allem Gegenwärtige; was überhaupt ist, hat seine Wirklichkeit dadurch, dafs sich die Idee in ihm verwirklicht. Das gilt in gleicher Weise von der Natur und vom Geiste. Es darf nach Hegel nicht gefragt werden, an welche Stelle des Systems die Logik falle; vielmehr durchdringt dieselbe das ganze System als dessen innerer, lebendiger Entwicklungsprozefs. Confr. Teil I, III, § 17; Poetter II, § 157—162.

VI. Kapitel.
Die Dialektik Schleiermachers.

§ 16.

Die Dialektik ist die Darlegung der Grundsätze für die kunstmäfsige Gesprächsführung im Gebiete des reinen Denkens. Vom reinen Denken wird das geschäftliche und künstlerische unterschieden. Es ist das Denken, welches das Wissen zum Ziele hat, und da das Wissen in der Übereinstimmung des Denkens mit dem Gedachten besteht, so bestimmt sich die Aufgabe des reinen Denkens näher dahin, eben diese Übereinstimmung zu producieren. Die beiden das Wissen konstituierenden Momente sind die Regeln der Verknüpfung und die Erkenntnis der innersten Gründe des Wissens; beide dürfen indes in keiner Weise voneinander getrennt werden; die Dialektik ist die Einheit von Logik und Metaphysik. Das reine Denken darf nicht in dem Sinne gefafst werden, wie es bei Hegel der Fall ist, also als das von aller Wahrnehmung gesonderte Denken; vielmehr ist die intellektuelle Funktion mit der organischen stets verbunden, d. h. die Thätigkeit der Vernunft beruht immer auf der äufsern und innern Wahrnehmung; es ist nur zuzugeben, dafs bei jenen Funktionen ein relatives Übergewicht stattfinden kann. Demgemäfs teilt sich das Denken in drei Gebiete: 1. das eigentliche Denken mit **überwiegender** Vernunftthätigkeit; 2. das Wahrnehmen mit **überwiegender** organischer Thätigkeit; 3. das Anschauen mit dem **Gleichgewicht** beider. Die Vernunft ist der Quell der Einheit, die organische Thätigkeit der Quell der Mannigfaltigkeit. Die Vernunft gestaltet das Chaos, welches die Sinne liefern, zu einer wohlgegliederten Totalität; ohne jenes Chaos von Eindrücken wäre sie leer.

Die Dialektik besteht aus einem **transcendentalen** und aus einem **formalen** Teile. Das transcendentale Denken bildet die Basis alles wirklichen Denkens; es liegt aber über jede **bestimmte** Erfahrung und über jedes **bestimmte** Denken hinaus. Der formale Teil betrachtet die Idee des Wissens in der Bewegung, also das Werden des Wissens.

Den Denkformen entspricht das reale Sein der Dinge, namentlich wird der Begriff mit den Substanzen und das Urteil mit deren Aktionen in Zusammenhang gestellt. Dafs überhaupt Denken und Sein identisch sind, ist für die innere Wahrnehmung unmittelbar gewifs. Poetter, § 149.

VII. Kapitel.
Die neueren und neusten Ansichten.

§ 17.

Die Logik Hegels und Herbarts findet noch heute ihre namhaften Vertreter. Von den Anhängern Hegels nennen wir J. E. Erdmann, Rosenkranz, Kuno Fischer; von den Anhängern Herbarts mögen erwähnt sein Griepenkerl, Drobisch, Waitz, Strümpell, Allihn, Lindner. Weifsenborn sucht die hegelsche Logik nach der positiven Seite hin umzubilden. Ebenso nehmen J. H. Fichte, Branifs, Ulrici, Weifse, Wirth u. a. eine vermittelnde Stellung ein, insofern sie zwischen der formalen und metaphysischen Seite der Logik die Mitte inne zu halten suchen. An Schleiermacher schliefsen sich

Ritter und Vorländer an. Auch auf Beneke, Trendelenburg und Lotze hat Schleiermacher wesentlichen Einfluſs ausgeübt. Beneke behandelt, wie Schleiermacher, die Logik als Kunstlehre des Denkens. Das Denken erfolgt auch bei ihm nur auf Grund der äuſsern und innern Wahrnehmung; das reine, gleichsam aus dem Nichts schaffende Denken ist dem Menschen versagt. Durch die innere Wahrnehmung wird eine Erkenntnis erreicht, welcher objektive Gültigkeit zukommt. Trendelenburg sieht in der Bewegung das dem Denken und Sein ursprünglich Gemeinschaftliche. Während in der Natur die Bewegung das erste Gesetz aller Ausdehnung und Gestaltung ist, erzeugt das Denken aus sich das Gegenbild der Bewegung, d. h. es konstruiert. So ist die Bewegung subjektiv und objektiv zugleich, stellt also die Identität von Sein und Denken her und vermittelt den Übergang vom einen zum andern. Die auf den Principien Bacos beruhende Auffassung der Logik, welche auf der Anwendung der induktiven Methode fuſst, ist besonders von Herschel und Mill ausgebildet. Überweg charakterisiert die Stellung seiner Logik mit folgenden Worten: „Schleiermacher hat in der Dialektik die Formen des Denkens aus dem Wissen als dem Zwecke des Denkens zu begreifen und die Einsicht in ihren Parallelismus mit den Formen der realen Existenz zu begründen versucht. Diese Auffassung der Denkformen hält die Mitte zwischen der subjektivistisch-formalen und der metaphysischen Logik und steht im Einklang mit der logischen Grundansicht des Aristoteles. Dieser, gleich fern von (den zuletzt genannten) Extremen, sieht im Denken das Abbild des Seins, ein Abbild, welches von seinem realen Korrelate verschieden ist, ohne doch zu ihm auſser Beziehung zu stehen und demselben entspricht, ohne mit ihm identisch zu sein. Im engen Anschluss an Schleiermacher haben namentlich Ritter und Vorländer die Logik bearbeitet. Indes berührt sich auch Trendelenburg, der Erneuerer der aristotelischen Logik, vielfach mit Schleiermachers Erkenntnislehre. Von den Grundsätzen des letzteren ist in wesentlichen Beziehungen, namentlich, was das Verhältnis des Denkens zur Wahrnehmung und der Wahrnehmung zum Sein betrifft, auch Beneke ausgegangen. In der durch die Leistungen dieser Männer bezeichneten Richtung, jedoch unter Wahrung des Rechtes voller Selbständigkeit in der Art der Durchführung, bewegt sich die vorliegende Bearbeitung der Logik."

II. Buch:

Die Aufgabe der Logik
und deren Lösung.

A. Die Aufgabe.
I. Kapitel.

§ 18.

Die nähere Bestimmung unserer Aufgabe kann auf Grund der historischen Entwicklung der Logik keinem Zweifel unterliegen: Es gilt, die Einseitigkeiten, wie sie namentlich in der kantischen und herbartschen Schule auf der einen und in der hegelschen Schule auf der andern Seite hervorgetreten sind und noch fortwährend hervortreten, zu vermeiden, um denjenigen Stand unserer Wissenschaft, welcher die möglichst allgemeinste Anerkennung findet, ins Auge zu fassen. Dabei muſs freilich das in § 3 Verheiſsene seine volle Berücksichtigung finden.

§ 19.

Offenbar ist das Ziel aller Erkenntnis die Wahrheit. **Wahrheit ist die Übereinstimmung des Wissens mit der Wirklichkeit, des Denkens mit dem Sein.** Ist der Mensch imstande, die Wahrheit in diesem Sinne zu erreichen? Die Beantwortung dieser Frage erfordert auf der einen Seite die Einsicht in die Natur der menschlichen **Erkenntniskräfte**, auf der andern die Einsicht in die Natur der **Erkenntnisobjekte**. Sind erstere so beschaffen, daſs sie **bewuſste Abbilder** von letzteren zu erzeugen vermögen, dann ist die aufgeworfene Frage zu bejahen. Hier nun haben wir sofort den Unterschied zwischen **Logik und Metaphysik** zu beachten. Die Metaphysik nämlich hat es mit den Erkenntnisobjekten zu thun; sie ist die Wissenschaft von den letzten und höchsten Principien alles Seins. Die Logik dagegen hat zu untersuchen, wie die Erkenntnisobjekte von den Erkenntniskräften aufgefaſst und nachgebildet werden. Damit wird indes der Logik keineswegs der Wert einer lediglich formalen Wissenschaft vindiciert; **denn die Existenzformen der Dinge entsprechen den Erkenntnisformen des Geistes**; diese sind durch jene bedingt. Die Frage also, ob die Erkenntniskräfte bewuſste Abbilder der Erkenntnisobjekte zu erzeugen vermögen, setzt die Logik als bejaht voraus. Ihr Geschäft besteht in der Untersuchung derjenigen Gesetze, denen die menschliche Erkenntnisthätigkeit unterstellt ist; sie zeigt die richtigen Wege, auf denen jene Thätigkeit die wirklichen Abbilder der Dinge gewinnt.

Anmerkung. Instruktiv für das Verständnis des Wesens der Logik ist Drobisch, § 1—11. Drobisch sagt: „Was die Mathematik speciell für die Naturerkenntnis, das ist die Logik, ohne die selbst die Mathematik nicht möglich wäre, für jede Art der Erkenntnis." Aber die Mathematik ist nichts ohne den Mathematiker. So ist auch die Logik nichts ohne das Denken, in dem sich die von ihr dargestellten Gesetze vollziehen. Da es in der Natur des Denkens liegt, logisch zu verfahren (confr. § 21 ff.), so ist es unberechtigt, in Beziehung auf dasselbe zwischen Naturgesetzen und Normalgesetzen zu unterscheiden. Wird dieser Unterschied dennoch konstatiert und die Erforschung der Naturgesetze der Psychologie, diejenige der Normalgesetze aber der Logik zugewiesen, dann verfällt man in den Fehler, beide Disciplinen in einer solchen Weise voneinander zu unterscheiden, daſs darüber ihre principielle Zusammengehörigkeit verloren geht. Auch die Logik beschäftigt sich mit den Naturgesetzen des Denkens; — nur daſs sie, — streng wissenschaftlich betrachtet — hierbei die Erörterungen der Psychologie voraussetzt. Die dem Denken immanente Gesetzmäſsigkeit wird von der Logik in ähnlicher Weise dargestellt, wie der Mathematiker auf Grund der ihm bekannten Gesetze sein System entwickelt. Aber der vollkommene Mathematiker muſs Klarheit haben über die Natur des Raumes. So fordert auch die Logik naturgemäſs die principielle Erörterung dessen, worin sich die logischen Gesetze vollziehen. Während demnach die Logik die Naturgesetze des Denkens insofern ins Auge faſst, als sich dieselben erkenntnismäſsig bethätigen, untersucht die Psychologie auf der Basis der Metaphysik das Denken selbst als den Träger jener Gesetze, um dasselbe nach seinem Wesen und nach seiner Stellung im All der Dinge principiell zu begreifen. Es ist für die Erkenntnis der Zusammengehörigkeit der einzelnen Disciplinen wichtig, schon im

Anfange auf das hinzuweisen, was uns am Ende mit gröfserer Klarheit vor Augen treten wird; confr. § 117; Psychologie, § 27 ff.

Der Nachweis, dafs die Logik ihrer Natur gemäfs mehr, als lediglich formale Erkenntnis zu erwerben imstande ist, kann ebenfalls nur auf Grund der Metaphysik erbracht werden. Wir verweisen auch hier auf die so eben citierten §§ der Psychologie. Diese Grundwissenschaft alles Philosophierens ist ein für allemal als der Stamm zu betrachten, aus dem die einzelnen Zweige der Erkenntnis organisch hervorwachsen. Es ist ganz selbstverständlich, dafs die Logik auch die Aufgabe hat, das richtige Denken von dem falschen zu unterscheiden; denn das Sosein wird von dem Anderssein stets begleitet. Aber es fragt sich doch vor allem, worin das Wesen des richtigen Denkens, d. h. des Denkens besteht. Und diese Frage kann auf Grund der Metaphysik nur dahin beantwortet werden, dafs das Denken mit dem realen Sein und Geschehen derart principiell in Beziehung steht, dafs es bewufste Abbilder des Wirklichen zu erzeugen vermag. Richtig verstanden ist der Geist in der That die Wahrheit der Natur.

§ 20.

Die Logik ist demnach die Lehre von den Gesetzen der menschlichen Erkenntnisthätigkeit, oder des menschlichen Denkens. Während die Metaphysik die Begriffe von den Existenzformen, d. h. die metaphysischen Kategorien ins Auge fafst, beschäftigt sich die Logik mit den Begriffen der Erkenntnisformen, d. h. mit den logischen Kategorien. Indem ihre Gesetze befolgt werden, „realisiert sich die Idee der Wahrheit in der theoretischen Vernunftthätigkeit des Menschen."

Dieser Definition der Logik opponieren der Skepticismus und der Kriticismus, indem beide die Möglichkeit objektiv wahrer Erkenntnis verneinen. — Diejenige Meinung, welche behauptet, die logischen Grundgesetze würden auch dann feststehen, wenn es keine Dinge und mithin auch keine Erkenntnis derselben gebe, reifst den Menschen ganz unberechtigt aus dem Zusammenhange der Dinge los. Hegels Identificierung der Logik mit der Metaphysik wirft das Denken in den Bann der dialektischen Entwicklung, ohne vorher die Gesetze des Denkens untersucht zu haben. Eben diese Untersuchung aber verneint die Wahrheit der Dialektik und erweist die hegelsche Methode als unhaltbar. **Sigwart** definiert die Logik als die **Kunstlehre des Denkens**, welche Anleitung giebt, zu gewissen und allgemeingültigen Sätzen zu gelangen. Nach **Lotze** zeigt die reine Logik, dafs die Formen des Begriffs, des Urteils und des Schlusses zunächst als **ideale** Formen zu betrachten sind, die dann, wenn es gelingt, den gegebenen Stoff der Vorstellungen in sie einzuordnen, die wahre logische Fassung dieses Stoffes erzeugen.

II. Kapitel.
Die Voraussetzungen der Logik.

§ 21.

Um die Gesetze der menschlichen Denkthätigkeit erkennen zu können, mufs vorausgesetzt werden, dafs eben diese Gesetze bereits **unbewufst** vorhanden sind. Wie die vollkommne Verfassung aus dem innern Wesen des Staates geboren wird und das ganze Staatsleben trägt und durchdringt, wie aber diese Verfassung erst dann zum vollen und klaren Bewufstsein kommt, wenn sie durch das Medium der Sprache oder Schrift jedem vermittelt wird, so entspringt die Logik als Wissenschaft aus dem innersten Wesen des Geistes und bringt das zur wissenschaftlichen Klarheit, was von diesem lange Zeit hindurch im verborgenen geübt worden ist. **Die Natur** unseres Geistes ist so beschaffen, dafs seine unbewufst geübte gesetzmäfsige Thätigkeit der auf Grund der logischen Klarheit mit Bewufstsein vollzogenen entspricht.

§ 22.

Die Logik setzt ferner voraus, dafs die Vorstellungen in ihrer Mannigfaltigkeit im Geiste bereits gegenwärtig sind. Es ist nicht ihre Aufgabe, Vorstellungen zu erzeugen, oder anzugeben, wie dieselben gebildet werden; damit würde sie das Gebiet der Psychologie betreten. Der Bildungsprozefs der Vorstellungen beruht auf einer psychologischen Notwendigkeit, welche vor unser bewuſstes Denken fällt; die Logik aber hat es nur mit dem Bewuſsten zu thun; confr. Anmerkung zu § 19.

§ 23.

Was von den Vorstellungen gilt, gilt nicht minder von der Sprache. Auch ihre Bildung fällt ins Gebiet des Unbewuſsten, wird aber von der Logik als fertig vorausgesetzt. Da der sprachliche Ausdruck das einzige Mittel zur Mitteilung der logischen Gesetze ist, so ist die Vollkommenheit der logischen Wissenschaft durch die Vollkommenheit der Sprache mit bedingt. Die Vorstellung findet ihren sprachlichen Ausdruck im Worte. Die Vorstellung der Einzelexistenz bezeichnet das konkrete Substantiv, während das abstrakte das Vorgestellte ganz allgemein in einer beliebigen Menge von einzelnen Dingen ausdrückt. Was eine Thätigkeit, Eigenschaft oder ein Verhältnis bezeichnet, findet seinen Ausdruck im Verbum, Adjektiv, Pronomen und Adverb, in den Präpositionen und Flexionsformen. „Wie die logischen Vorstellungsformen den metaphysischen Formen der Einzelexistenz entsprechen, so entsprechen ihnen wiederum die grammatischen Formen oder Arten der Worte." Trendelenburg glaubt, daſs sich die aristotelischen Kategorien im Geiste ihres Urhebers durch die Betrachtung grammatischer Beziehungen gebildet haben. Überhaupt fällt die in § 21 hervorgehobene unbewuſste logische Gesetzmäſsigkeit beim Hinblick auf die Sprache am deutlichsten ins Auge. Vergl. August Boeckh, Encyklopädie und Methodologie der philologischen Wissenschaften, Seite 763 ff.

B. Die Lösung der logischen Aufgabe.
I. Teil. Der Begriff.

III. Kapitel.
Das verschiedene Verhältnis der Vorstellungen.

§ 24.

Die Vorstellungen unterscheiden sich voneinander durch ihre **Merkmale**. Diejenigen Merkmale, wodurch sich die Objekte voneinander unterscheiden, sind die **Teilvorstellungen**. Die Teilvorstellungen stehen zu einander in einem solchen Verhältnis, dafs ihre Gesamtheit den realen **Inhalt** der Vorstellung ausdrückt. Die Bestimmung der in einer Vorstellung enthaltenen Teilvorstellungen geschieht durch die **Partition**.

§ 25.

Von den **Einzelvorstellungen** sind die **allgemeinen Vorstellungen** zu unterscheiden. Diese entstehen durch **Reflexion** auf die gleichartigen und durch **Abstraktion** von den ungleichartigen Merkmalen, worin mehrere Objekte übereinstimmen, resp. nicht übereinstimmen. Die allgemeinen Vorstellungen sind nicht identisch mit den s. g. **abstrakten**. Wie die allgemeine Vorstellung aus den Einzelvorstellungen, so kann aus mehreren allgemeinen Vorstellungen die **allgemeinere** hervorgehen. Von den allgemeineren Vorstellungen aus können minder allgemeine gebildet werden; hierbei heben letztere durch das Hinzufügen neuer Vorstellungen das Unbestimmte der allgemeineren Vorstellungen auf: **Determination**.

§ 26.

Die **allgemeine Vorstellung** ist im Verhältnis zu den niederen oder untergeordneten Vorstellungen, welche in den Bereich ihres Umfangs fallen, die **höhere**, oder übergeordnete Vorstellung: A = Mensch; B = Deutscher. Nebengeordnete Vorstellungen sind einer höhern untergeordnet: Weisheit, Besonnenheit, Gerechtigkeit sind Tugenden. Gleichgeltende Vorstellungen haben bei gleichem Umfange dennoch verschiedenen Inhalt: Lessing, Herder als Dichter; Lessing, Herder als Philosophen. Von den Vorstellungen mit gleichem Inhalte und Umfange unterscheiden sich zunächst die konträr entgegengesetzten: Mensch und Urzelle = lebende Wesen; hier sind die Einzelvorstellungen innerhalb des Umfangs der gemeinsamen höhern Vorstellung am weitesten voneinander entfernt. Kontradiktorisch entgegengesetzte Vorstellungen verneinen sich gegenseitig: B = non A; weifs ist nicht schwarz. Einstimmige Vorstellungen können in einer Vorstellung vereinigt werden; ist das nicht der Fall, dann sind die Vorstellungen widerstreitend: rot und farbig können vereinigt werden in Beziehung auf die Ätherschwingungen; rot und blau dagegen nicht. Widerstreitende Vorstellungen, welche unter ein und derselben höhern befafst sind, sind disjunkt: Athener und Spartaner; fehlt die zusammenfassende höhere Vorstellung, dann sind die Vorstellungen disparat: grün und tugendhaft; confr. Ueberweg, § 53 ff.

§ 27.

Die untergeordneten Vorstellungen haben naturgemäfs einen geringeren Umfang, als die übergeordneten. Mit der Verminderung des Umfangs wird im allgemeinen der Inhalt verdeutlicht und bereichert. Es läfst sich indes das Verhältnis zwischen der Gröfse der Abnahme des Umfangs und der Zunahme des Inhalts nicht, wie Drobisch will, mathematisch berechnen; vielmehr liegt die Sache so, wie sie Trendelenburg bildlich darstellt: Die übergeordnete Vorstellung ist die unbestimmte, aber in einigen Grundzügen markierte Zeichnung, so dafs im ganzen die Umrisse dastehen, aber im einzelnen ein freier Spielraum für die ergänzende Phantasie übrig bleibt.

In § 25 wurde gesagt, dafs aus mehreren allgemeinen Vorstellungen eine allgemeinere hervorgehen könne. Wird die

Verallgemeinerung unter unablässiger Abstraktion so lange fortgesetzt, bis der einfachste allgemeinste Inhalt gefunden ist, dann ist damit eine Vorstellung gewonnen, welche sämtliche Einzelvorstellungen unter sich befaſst. **Das ist die Vorstellung des Seins überhaupt**, oder dasjenige, was Aristoteles unter der Kategorie der οὐσία versteht. Zwischen dieser und den Einzelvorstellungen liegen dann die übrigen Kategorien.

IV. Kapitel.
Definition des Begriffs.

§ 28.

Der Begriff ist eine Vorstellung, in welcher das Wesen der betreffenden Objekte einheitlich zusammengefaſst ist. Da sich die Vorstellungen durch ihre Merkmale voneinander unterscheiden (§ 24), so hat der Begriff diejenigen Merkmale der Objekte ins Auge zu fassen, welche das Wesen derselben ausmachen. **Wesentliche Merkmale des Objekts sind die das Wesen desselben konstituierenden**, d. h. diejenigen, welche den innern allgemeinen Grund für das Bestehen des Objekts enthalten, von denen also die Existenz desselben nach allen Seiten hin abhängt. Von diesen **grundwesentlichen** Merkmalen des Objekts unterscheiden sich die **Attribute**, welche dann wieder die **Modi** unter sich befassen. Diejenigen Merkmale, welche ein Begriff mit den ihm über = resp. untergeordneten teilt, sind die **gemeinsamen**; diejenigen, welche den Unterschied nach oben und unten ausdrücken, die **eigentümlichen**.

Der Begriff ist das ideelle Abbild der realen Wirklichkeit. Diese Definition würde indes die Erkenntnis der grundwesentlichen Bestimmungen der Objekte voraussetzen; das Maſs der Vollkommenheit dieser Erkenntnis ist das Maſs der objektiven Wahrheit der Begriffe.

§ 29.

Über die Begriffsbildung bei Sokrates und Plato
vergleiche § 6. Die Ideen sind die hypostasierten Begriffe
des Sokrates. Aristoteles bezeichnet das Wesen des
Begriffs in abstrakter Form durch den Ausdruck: τὸ τί ἦν
εἶναι. Er versteht hierunter das den Einzelobjekten immanente
stofflose Wesen und will durch den Ausdruck die vollkommene
Begriffsbestimmung bezeichnen, welche aus dem
Gattungscharakter und der specifischen Differenz besteht;
confr. Kap. V. Über den Realismus und Nominalismus vergleiche
§ 9; dem letzteren huldigen auch Kant und Herbart.
Die formale Logik identificiert den Begriff mit der allgemeinen
Vorstellung; wenn sie diejenigen Merkmale für wesentliche
erklärt, welche dem Objekte nach dem Umfange
seines Begriffs zukommen, so ist das eine Erklärung des
Wesens aus dem Begriff, während doch der Begriff aus dem
Wesen erklärt werden soll. Sigwart (Logik I, 271) unterscheidet
dreierlei Begriffe: Zunächst ist der Begriff die Vorstellung
auf der Stufe, auf der sie ein innerer Besitz geworden
ist und diejenige Allgemeinheit gewonnen hat, die
jeder Vorstellung als solcher zukommt. Sodann bezeichnet
der Begriff den Zielpunkt unseres Erkenntnisstrebens insofern,
als in ihm ein adäquates Abbild des Wesens der Dinge gesucht,
und gefordert wird, daſs, wer den Begriff einer Sache habe,
sie dadurch in ihrem innersten Kerne durchschaue. Die dritte
Bedeutung des Begriffs endlich ist die für Sigwart maſsgebende
logische, d. h. diejenige, welche durch die logische
Forderung bestimmt ist, daſs unsere Urteile gewiſs und allgemeingültig
seien. Nach Lotze ist der Begriff die zusammengesetzte
Vorstellung, die wir als ein zusammengehöriges
Ganze denken; Logik, 42. — Hegel definiert: „Der
Begriff ist das Freie, als die für sich seiende substantielle
Macht — und ist Totalität, indem jedes der Momente
das Ganze ist, das er ist, und als ungetrennte Einheit mit
ihm gesetzt ist." Kuno Fischer faſst den Begriff als
Selbstverwirklichung und unterscheidet in ihm nach dem
Vorgange seines Meisters die Momente des Allgemeinen,

des Besondern und des Bestimmten. Nach dem ersten Momente ist der Begriff der Grund, der alle Bestimmungen der Möglichkeit nach in sich enthält; das zweite drückt die nähere Bestimmung aus, welche der Begriff nehmen muſs, um sich vollkommen zu specificieren; das dritte ist die vollkommene Bestimmtheit, in der alle Möglichkeiten erschöpft sind. Ritter erklärt: „Das Sein, welches im Begriffe dargestellt wird, ist ein Bleibendes, welches aber in veränderlichen Thätigkeiten sich bald so, bald anders zeigen kann; ein solches Sein nennen wir ein lebendiges Ding, oder eine Substanz." Ritter fuſst hierbei auf Schleiermacher, welcher in dem System der Begriffe dasjenige Gebilde der intellektuellen Funktion erkennt, welchem im realen Sein das System der substantiellen Formen entspricht.

§ 30.

Die gegebene Definition des Begriffs (§ 29) harmoniert dem Sinne nach mit den Worten Schleiermachers: „Die Vernunft, welche in der bezeichnenden Natur ausgedrückt werden soll, ist dasselbe mit der Natur, welche ihr gegenübersteht. Denn die Vernunft ist dasselbe auf geistige Weise, was die Natur ist auf dingliche. Dieses ursprüngliche geistig Gesetztsein der Natur in der Vernunft ist das, was man mit einem miſsverständlichen, freilich aber auch richtig zu deutenden Ausdruck die angebornen Begriffe zu nennen pflegt."

Wie das Wesen den Inhalt des Begriffs ausmacht, so stellt sich sein Umfang dar in der Gattung. Die Gattung umfaſst diejenigen Individuen, welche in den wesentlichen Merkmalen übereinstimmen und bestimmt als solche den realen Umfang des Begriffs. Das wesentliche Merkmal der Art ist der Typus, insofern derselbe die specifischen Eigentümlichkeiten der innern Organisation ausdrückt. Zwischen Gattung und Individuum fallen die Abarten und Spielarten. In Bezug auf den Umfang des Begriffs hat man sich gewöhnt, mehrere einander umkreisende Gattungen zu unterscheiden: Regnum, cohors, orbis, classis, ordo, familia, tribus, genus, species. Diese Unterscheidung beruht auf der Annahme verschiedener Grade von wesentlichen Merkmalen, welche zur Begriffsbestimmung dienen. Dem Nominalismus gegenüber, welcher nur den Einzelwesen objektive Existenz vindiziert, behauptet auch Aristoteles die reale Existenz der Gattungen und Arten; neben den πρῶται οὐσίαι bestehen die δεύτεραι οὐσίαι, Poetter § 59.

V. Kapitel.
Die Begriffsbestimmung.

§ 31.

Die Begriffsbestimmung, Definition, mufs den Gattungsbegriff und die specifische Differenz enthalten. Die Bedeutung dieses Satzes wird aus folgendem klar: In § 28 wurde gesagt, die gemeinsamen Merkmale seien diejenigen, welche ein Begriff mit den ihm über- und untergeordneten teile, während die eigentümlichen ihm allein zukämen. Nun bezeichnet man die höhere Klasse als Gattung, die niedere als Art und nennt diejenigen Objekte, welche verschiedenen Gattungen angehören, generisch verschieden, während diejenigen, welche verschiedenen Arten der nämlichen Gattung angehören, als specifisch verschieden bezeichnet werden. Da nun ein Begriff alle wesentlichen Merkmale seiner Objekte enthalten mufs, so mufs die Definition die generischen und specifischen Elemente ins Auge fassen, d. h. sie mufs den Gattungsbegriff und den Artunterschied, oder die specifische Differenz bestimmen. Auf diese Weise wird die genaue und vollständige Angabe des Inhalts eines Begriffs ermöglicht. Aristoteles sagt: „Dasjenige ist die begriffliche Definition eines jeden, was das Wesen desselben angiebt, ohne dafs der zu definierende Begriff in der Definition enthalten wäre;" Metaph. VII, 4. Die Aussage soll also das Objekt dem Wesen, nicht aber dem Namen nach bezeichnen. Sigwart erklärt: „Sofern im Gebiete des anschaulich Gegebenen eine unbegrenzte Mannigfaltigkeit von

Vorstellungen vorliegt, welche durch unmerkliche Unterschiede getrennt sind, muſs sich die **begriffliche Fixierung** auf Feststellung bestimmter Grenzen in dem allmählichen Flusse der Unterschiede beschränken;" 282. „Jede logische Definition ist eine Nominaldefinition; die Forderung einer Realdefinition beruht auf der Vermischung der metaphysischen und der logischen Aufgaben;" 323. Da sich nach **Hegel** der Begriff dialektisch entwickelt, also selbst erzeugt, so kann bei ihm von einer Begriffsbestimmung nicht die Rede sein.

§ 32.

Es ist natürlich, daſs **nur eine** Begriffsbestimmung die Forderung, wirklich begriffliches Wissen zu erzeugen, erfüllen kann. Das ist die s. g. **definitio essentialis**, welche die wesentlichen, d. h. also die **konstitutiven Merkmale** des Objekts angiebt; confr. § 28. Mit der Essential-Definition nahe verbunden ist die **Real-Definition**, welche den Grund des zu erkennenden Objektes aufzeigt und eben hierdurch die reale Wirklichkeit desselben erweist. Bei **Aristoteles** schlieſst das τί ἐστιν das διὰ τί ἐστιν mit ein; die Erkenntnis der wesentlichen Merkmale erbaut sich auf der Erkenntnis dessen, was die Sache begründet. Die **Nominaldefinition** sucht im Gegensatz zur Realdefinition nur das äuſserliche Verständnis eines Ausdrucks klar zu stellen. Der Essentialdefinition steht die **Accidentaldefinition** gegenüber, welche die eine Sache von allen andern Objekten unterscheidenden Attribute und Modi ins Auge faſst, also die **sekundären Merkmale** angiebt; § 28. Wenn Kant erklärt: „Unter bloſsen **Nominaldefinitionen** sind diejenigen zu verstehen, welche die Bedeutung enthalten, die man willkürlich einem gewissen Namen hat geben wollen und die daher nur das logische Wesen ihres Gegenstandes bezeichnen, oder bloſs zur Unterscheidung desselben von andern Objekten dienen. — **Realdefinitionen** dagegen sind solche, die zur Erkenntnis des Objekts, seinen innern Bestimmungen nach, zureichen, indem sie die Möglichkeit des Gegenstandes aus innern Merkmalen darlegen," **Hartenstein, VIII, 137**, so ist hierin das

Wesen der Essentialdefinition mit aufgenommen. Nach Herbart besteht das Wesen der Realdefinition in der Gültigkeit des Begriffs. — Definitionen können auf **analytischem** und **synthetischem** Wege gebildet werden; bei der definitio analytica wird die wissenschaftlich gebräuchliche Vorstellungsweise zu Grunde gelegt, während die definitio synthetica von dieser Vorstellungsweise abweicht. So ist z. B. bei Kant der Begriff der Erkenntnis a priori auf synthetischem Wege gebildet; conf. § 13. Was sonst noch zur Erläuterung eines Begriffs dient (expositio, explicatio, descriptio), gehört nicht zum Gebiet der eigentlichen Begriffsbestimmung.

§ 33.

Da die Begriffsbestimmung im vollen Sinne des Wortes nur die **wesentlichen Merkmale** der Objekte ins Auge zu fassen hat, so dürfen in ihr die attributiven Merkmale nicht enthalten sein. Werden diese mit aufgenommen, dann wird die Begriffsbestimmung zur definitio abundans. Ebenso muſs der zu definierende Begriff von der Definition ausgeschlossen sein. Definitionen, welche auf einem ὕστερον πρότερον beruhen, suchen einen Begriff, dessen konstitutive Merkmale noch nicht gefunden sind, aus solchen Begriffen zu erklären, welche den zu definierenden schon voraussetzen. Die **zu weite** Definition beruht auf dem Fehler, daſs bei ihr dasjenige, **woraus** definiert wird, einen weiteren Umfang hat, als das zu Definierende; bei der **zu engen** Definition ist es umgekehrt. Einfache Begriffe können durch die Accidentaldefinition (§ 32) näher bestimmt werden, z. B. Punkt, Raum, Fläche, Linie; Ueberweg, § 62, Anmerkung.

VI. Kapitel.
Die Einteilung.

§ 34.

Nach § 30 stellt sich der Umfang eines Begriffs dar in der Gattung. Die Gattung faſst als der übergeordnete Be-

griff die Arten als die untergeordneten Begriffe unter sich.
Die Angabe nun, welche Arten innerhalb des Umfangs des Begriffs befafst sind, ist die Einteilung.
Da der Begriff den Gattungsbegriff und die specifische Differenz enthält und mithin als die Einheit beider auch durch letztere bestimmt, charakterisiert ist, so ist eben diese, die specifische Differenz nämlich, dasjenige Merkmal, an welchem die Unterschiede heraustreten. Demnach ist das Einteilungsprincip in der Art und Weise begründet, wie der Gattungsbegriff durch die wesentlichen Merkmale, Arten, bestimmt ist. Je nach der Anzahl der Artbegriffe oder Einteilungsglieder ist die Einteilung Dichotomie, Trichotomie, Tetrachotomie, Polytomie. Bei der vollkommnen Einteilung fällt die Summe der Einteilungsglieder mit dem Umfange des Begriffs zusammen; jene Glieder sind die wesentlichen, konstitutiven, sich gegenseitig ausschliefsenden Merkmale. Die Dichotomie, welche sich vorwiegend bei Plato findet, läfst sich stets durch die Formel: A ist teils B, teils non B, gewinnen; hierbei bleiben indes die unter die Negation fallenden Merkmale unbestimmt. Kant behauptet von seiner bekannten Dreiteilung der Kategorien, die dritte beruhe jedesmal auf der Verbindung der ersten und zweiten. Diese trichotomische Einteilung in Thesis, Antithesis und Synthesis findet ihre extremste Ausbildung bei Hegel; confr. § 15. Schleiermacher huldigt der Tetrachotomie. — Keine Einteilungsmethode ist die absolut richtige; vielmehr ist in jedem Falle diejenige zu wählen, welche den Objekten des Begriffs am meisten entspricht. Nach Sigwart soll die Division bezogen werden auf die Gesamtheit der Einzelobjekte, welche unter den Begriff fallen; sonst soll der Begriff der Einteilung durch den der Entwicklung ersetzt werden; 315; confr. Drobisch, Logik § 123. —

Die vollkommne Einteilung darf kein Glied überspringen; es müssen deshalb die Arten und Unterarten nicht blofs vollständig aufgesucht, sondern auch in ihrer naturgemäfsen Reihenfolge genau festgestellt werden. Indes ist der Unterschied zwischen jenen Arten oft nicht zu fixieren.

§ 35.

Der Begriff als die einheitliche Zusammenfassung der wesentlichen Merkmale der Objekte, welche sich nach § 34 einander ausschliefsen müssen, verlangt Rechenschaft von den Gründen, welche das Ungleichartige dennoch als eine begrifflich zusammengefafste Einheit erscheinen lassen. Diese Gründe liegen nach unserer Definition des Begriffs **in den wesentlichen Merkmalen der Objekte**; confr. § 28. Wenn nun auch die Logik nach § 19 voraussetzt, dafs die Erkenntnisformen reale Abbilder des Wirklichen zu erzeugen vermögen, dafs mithin das begriffliche Wissen die wirkliche Erkenntnis der Objekte involviert, so wollen doch eben jene Erkenntnisformen noch näher auf diejenigen Gründe hin untersucht sein, welche, als in ihnen selbst liegend, **die Berechtigung der begrifflichen Zusammenfassung** verschiedener Objekte darthun. Mit andern Worten: Der Begriff verlangt eine genauere, umfassendere Analyse der Denkthätigkeit, um auf Grund derselben sich seiner eigenen Wahrheit je mehr und mehr bewufst zu werden. „Das Urteil setzt seinem Wesen nach den Begriff, der Begriff das Urteil voraus." Nur die Einsicht in das Wesen des gesamten Denkprozesses ermöglicht die vollkommne Begriffsbestimmung. Wir haben demnach zunächst **das Urteil** näher ins Auge zu fassen.

II. Teil. Das Urteil.

VII. Kapitel.

Begriff und Einteilung des Urteils.

§ 36.

Der sprachliche Ausdruck des Urteils ist die **Aussage**, in welcher etwas von etwas ausgesagt wird. Demgemäfs setzt das Urteil die **Subjekts- und Prädikatsvorstellung** voraus. Die Aussage geschieht mit dem Bewufstsein, dafs die Verbindung der Vorstellungen von objektiver Gültigkeit begleitet ist. **Das Urteil ist also das subjektive Abbild objektiv realer Verhältnisse und Beziehungen.** Es ist „dasjenige Gebilde der intellektuellen Funktion, welchem die Gemeinschaftlichkeit des Seins, oder das System der gegenseitigen Einwirkungen der Dinge, ihres Zusammenseins, ihrer Aktionen und Passionen, entspricht."

§ 37.

Bei Plato und Aristoteles sind Substantiv und Verb die einfachen Elemente des Urteils; nach ersterem entspricht die Verbindung dieser Elemente der Verbindung von Ding und Handlung; letzterer erklärt das Urteil für eine Aussage über Sein oder Nichtsein, je nachdem die Vorstellungsverbindung wahr oder falsch ist. Kant sagt: „Ein Urteil ist die Vorstellung der Einheit des Bewufstseins verschiedener Vorstellungen, oder die Vorstellung des Verhältnisses derselben, sofern sie einen Begriff ausmachen," Hartenst. VIII, 98. Hegel erklärt: „Das Urteil wird gewöhnlich in subjektivem Sinn genommen, als eine Operation und Form, die blofs im selbstbewufsten Denken vorkomme. Dieser Unterschied ist aber im Logischen noch nicht vorhanden, das Urteil ist ganz allgemein zu nehmen; alle Dinge sind ein Urteil, d. h. sie sind einzelne, welche eine Allgemeinheit oder innere Natur in sich sind; oder ein Allgemeines, das vereinzelt ist; die Allgemeinheit und Einzelheit unterscheidet sich in ihnen, aber ist zugleich identisch," Encyklop. I, § 167. Nach Kuno Fischer ist das Urteil „der Begriff als das Subjekt seiner Prädikate;" er behauptet, die hegelsche Logik und die formale hätten sich bei der Lehre vom Urteil ineinander verwirrt und in dieser Verwirrung habe jene Lehre keineswegs an Klarheit und Einfachheit gewonnen. Nach Herbart unterscheidet das Urteil über die Verknüpfbarkeit der gegebenen Begriffe. Im Anschlufs an seine Definition des Begriffs (§ 29) erklärt Ritter: „Die Verbindung von Subjekt und Prädikat, welche dem thätigen Dinge eine veränderliche Thätigkeit beilegt, ist ein Urteil; im Urteil wird die Möglichkeit veränderlicher Thätigkeiten dargestellt." In Übereinstimmung hiermit

Kap. VII. Begriff und Einteilung des Urteils. § 38.

beantwortet sich nach Trendelenburg die aufgeworfene Frage: „Welches sind die Formen, die den Grundverhältnissen des Seins, d. h. der Thätigkeit und Substanz im Denken entsprechen," dahin, dafs eben die Elemente des Urteils diese Formen sind. Es ist natürlich, dafs sich die verschiedenen Meinungen über das Wesen des Urteils nach den verschiedenen Ansichten vom Wesen des Begriffs richten; confr. § 29.

§ 38.

Da das Urteil das subjektive Abbild objektiv realer Verhältnisse ist, so folgt daraus, dafs eigentlich sämtliche Urteile positive sind. Denn wie verschieden die Verhältnisse und Beziehungen im Gebiete des Seins auch beschaffen sein mögen, dieselben finden im Urteil immer ein Abbild, dem sie in Wahrheit entsprechen. Es liegt indes in der Natur des den mannigfaltigen Verhältnissen des Seins entsprechenden urteilenden Denkens, dafs im Gebiete der Urteile selbst eine grofse Verschiedenheit herrscht. Die Darstellung mufs darauf bedacht sein, sich in der Lehre vom Urteil einer möglichst grofsen Einfachheit und Übersichtlichkeit zu befleifsigen. Dementsprechend betrachten wir:

I. **Das einfache und plurale Urteil; (Quantität.)**
II. **Die Urteile a priori und a posteriori, oder die Genesis der Urteile.**
III. **Die Negation; (Qualität.)**
IV. **Die Modalität.**
V. **Die Relation.**

Über die bekannte, für die formale Logik mafsgebende Einteilung Kants vergleiche § 13. Hegels Einteilung ergiebt sich aus dem vorhergehenden §. Ueberweg unterscheidet zunächst einfache und zusammengesetzte Urteile. Die Verhältnisse der ersteren sind: a) das prädikative, oder das Verhältnis von Subjekt und Prädikat. Dieses befafst unter sich α) das Verhältnis des Dinges zur Thätigkeit, oder zum Leiden; β) das Verhältnis des Dinges zur Eigenschaft als zur haftend gewordenen Thätigkeit; γ) das Verhältnis der Thätigkeit oder Eigenschaft zu der ihr anhaftenden näheren Bestimmung. b) **Das Objektsverhältnis**, oder das Verhältnis des Prädikats zu seinem Objekte. c) **Das attributive Verhältnis**, welches eine Wiederholung des prädikativen, oft auch mittelbar eine Wiederholung des Objekts-Verhältnisses ist. **Das zusammengesetzte Urteil** besteht aus einfachen Urteilen, die einander koordiniert oder subordiniert sind. Unsere nachfolgende Betrachtung wird das nähere Verständnis dieser Ausdrücke erschliefsen. Lotze unterscheidet: a) das impersonale Urteil, das kategorische Urteil und den Satz der Identität; b) das partikulare Urteil, das hypothetische Urteil und den Satz des zureichenden Grundes; c) das generelle Urteil, das disjunktive Urteil, das dictum de omni et nullo und das principium exclusi medii. Wir wollen nach unserer Einteilung, um die **Genesis** der Urteile zu erkennen, zunächst wissen, wie das, was entsteht, im allgemeinen beschaffen ist. Bei der Betrachtung der Entstehung der Urteile werden wir durch die synthetischen Urteile von selbst auf die Verneinung, und damit auf die Qualität überhaupt geführt. Dieser aber reihen sich die Modalität und die Relation der Urteile naturgemäfs an.

VIII. Kapitel.
Das einfache und plurale Urteil; (Quantität.)

§ 39.

Im einfachen Urteil ist das Subjekt eine **einheitliche**, keine Vielheit von Objekten umfassende Vorstellung; dieselbe ist in der Anschauung unmittelbar als Einheit gegeben, während die Prädikatsvorstellung auf innerlicher Reproduktion beruht. Indem nun beide Vorstellungen mit Bewufstsein verknüpft werden, vollzieht sich der Akt des einfachsten Urteilens, d. h. des **Benennungsurteils**. Bei dem Urteile: „Dies ist ein Baum", habe ich die Anschauung des Baumes unmittelbar vor mir; dabei reproduziere ich dasselbe Bild aus meiner Erinnerung und erkläre beides für identisch. Von diesem einfachsten und unmittelbarsten Urteil ist das im

II. Buche, Teil I entwickelte begriffliche Erkennen wohl zu unterscheiden; letzteres beruht auf dem Zusammenfassen der wesentlichen Merkmale, ersteres auf unmittelbarer Anschauung.

§ 40.

Das Prädikat im einfachen Urteil kann ein **Verbum** oder **Adjektiv** sein. Der Schnee ist weifs; der Schnee schmilzt. Hierbei drückt das Urteil zunächst aus, dafs das Subjekt mit seiner Eigenschaft, resp. Thätigkeit notwendig verbunden ist. Es bringt aber auch ferner die **bestimmte** Thätigkeit und Eigenschaft mit der Vorstellung solcher Thätigkeit und Eigenschaft **überhaupt** in Beziehung. Es wird das einfach durch die Betonung verdeutlicht: **der Schnee ist weifs; der Schnee schmilzt**; — der Schnee ist **weifs**; der Schnee **schmilzt**. Das eine Eigenschaft oder Thätigkeit ausdrückende Prädikat ist **das Allgemeine**, welchem **die Eigenschaft oder Thätigkeit** des Subjekts, nicht das Subjekt selbst, unterstellt wird. — Die zuletzt genannten Urteile unterscheiden sich dadurch von den blofsen Benennungsurteilen (§ 39), dafs in ihnen **sowohl** das Allgemeine, **als auch** das Besondere die Veranlassung zum Vollzuge des Urteils geben kann. Das Weifse überhaupt kann mich veranlassen, das einzelne, was weifs ist, aufzusuchen; ich kann dann in die Lage kommen, urteilen zu müssen: dies ist weifs, ohne das Subjekt genauer zu kennen. Dasselbe gilt von den eine Thätigkeit ausdrückenden Prädikaten.

§ 41.

Das zuletzt Entwickelte führt uns auf diejenigen Urteile, deren Subjekte **Impersonalien** sind: Es blitzt, es schneit, es regnet. Hierbei wird eine unmittelbar gegenwärtige Vorstellung mit einer reproduzierten verknüpft; allein das Ding, von dem die Thätigkeit ausgeht, bleibt dabei verborgen und wird eben deshalb als ein unbestimmtes Etwas vorgestellt. Wo irgend eine Thätigkeit oder Eigenschaft hervortritt, da verlangt das urteilende Denken das Subjekt, von dem die Thätigkeit ausgeht, das Ding, an dem die Eigenschaft haftet.

§ 42.

Urteile, deren Prädikate Verben oder Adjektiva, deren Subjekte aber **Abstrakta** sind, setzen das Eigenschafts- oder Thätigkeitsurteil stillschweigend voraus. In den Urteilen: Der Gang ist schleppend, das Grün ist dunkel, wird vorausgesetzt, dafs ein Wesen geht und dafs ein Ding grün ist. Das Urteil besteht darin, dafs die Thätigkeit oder Eigenschaft **mit ihrer Modifikation** verknüpft wird. **Dem Dinge** wird das Prädikat nur mit Rücksicht auf eine bestimmte Thätigkeit oder Eigenschaft beigelegt: der Gang **des Tieres** ist schleppend; das Grün **des Tuches** ist dunkel.

§ 43.

Einfache Urteile sagen ferner **eine Relation** von einem Dinge aus. Hierbei wird zunächst die allgemeine Relationsvorstellung mit der objektiv gegebenen verknüpft. Die Ausdrücke: rechts, links, vorn, hinten, setzen voraus, dafs die allgemeine Ortsbezeichnung durch das urteilende Subjekt bereits stattgefunden hat. Das Urteil: Deutschland liegt hier, hat nur dann eine Bedeutung, wenn die allgemeine Vorstellung von der geographischen Lage Europas, resp. von der Oberfläche der Erde überhaupt zuvor gegeben ist. Dieselben Erwägungen finden statt bei dem Urteil: Der Reiter ist auf dem Pferde. Da nun ferner die Relation eine doppelte Beziehung involviert, nämlich einmal die Beziehung zu demjenigen, was das Relationswort näher bestimmt und dann zu dem Subjekte, von dem die Relation überhaupt ausgesagt wird, so giebt es bei den Relationsurteilen aufser der bereits genannten noch zwei andere Verknüpfungen. Bei dem zuletzt angeführten Urteile wird das Relationswort „auf" durch „dem Pferde" näher bestimmt, während das Subjekt der Relation durch „Reiter" bezeichnet wird. Dasselbe gilt von den **kausalen Relationen** bei Sätzen mit transitiven Verben; z. B. der Stier stöfst den Baum (gegen den Baum). Hier wird zunächst die allgemeine Relationsvorstellung des Stofsens mit der objektiv gegebenen näher verknüpft; sodann wird das Stoßen mit dem Objekte, auf das es sich richtet, und mit dem Subjekte, von dem es ausgeht, in nähere Beziehung gesetzt.

§ 44.

Die einfachen Urteile beschäftigen sich mit einzelnen Dingen. Diesen aber haftet in Bezug auf ihr Dasein, ihre Eigenschaften, Thätigkeiten und Relationen die Zeit an. Eben deshalb ist das, was die einfachen Urteile aussagen, nur zeitlich gültig. Dieser Umstand thut indes der objektiven Gültigkeit der Urteile keinen Abbruch; denn das gesamte Sein der Dinge steht unter den Gesetzen des Raumes und der Zeit. Diese Gesetze aber finden in der äußern und innern Wahrnehmung des urteilenden Subjektes ihr ideelles Abbild; confr. Ueberweg, § 44.

§ 45.

Das im letzten § Bemerkte findet keine Anwendung auf diejenigen Urteile, deren Subjekt von der Einzelvorstellung abstrahiert und das einzelne in unbestimmter Allgemeinheit ins Auge faßt. Dadurch, daß diese Urteile das einzeln Existierende außer acht lassen, werden sie der Zeit entrückt und sind allgemein gültig. Hierbei bekommt das Praesens die Bedeutung einer fortwährenden Gegenwart. Das Beispiel: Der Himmel ist blau, drückt zugleich den Unterschied zwischen diesen Urteilen und den soeben genannten aus; jene sind erzählende, diese erklärende Urteile.

§ 46.

Die pluralen Urteile entstehen dadurch, daß dasselbe Prädikat an einer Reihe von Subjekten wiederholt wird. Der Mensch, das Pferd und der Löwe sind lebende Wesen; A und B und C sind P. Bei Urteilen von der Form: Mehrere N sind P (partikuläre Urteile), läßt sich die Anzahl der Subjekte in einen sprachlichen Ausdruck zusammenfassen: Viele Planeten sind sichtbar; viele Menschen sind kurzsichtig. Die partikulären Urteile unterscheiden sich da-

durch von den pluralen, daſs sie, nicht wie diese, bloſs eine
Anzahl von Subjekten unter ein bestimmtes Prädikat zusammenfassen, sondern vielmehr eine Ausnahme konstatieren, oder
ein allgemeines Urteil vorbereiten. Die Urteile z. B.: Einige
Menschen verwechseln die Farben, einige Menschen werden
blind geboren, zeigen an, daſs die Verwechslung der Farben
und das Blindgeborensein eine Ausnahme von der Regel ist,
während das Urteil: Einige Fixsterne bewegen sich, bereits
auf das andere: Alle Fixsterne bewegen sich, hindeutet.

§ 47.

Die allgemeinen Urteile (Alle N sind P) setzen entweder eine bestimmte, zählbare Anzahl einzelner Existenzen
voraus und sind dann von empirischer Allgemeinheit, oder
die Menge des Einzelnen wird als unbegrenzt gedacht und
das Urteil als ein unbedingt allgemeines ausgesprochen.
Als Beispiele mögen folgende Urteile gelten: Alle Schafe sind
im Stalle; alle Gäste sind erschienen; hierbei wird die Anzahl der Schafe und Gäste als bekannt vorausgesetzt. Diese
Voraussetzung kann indes auch fehlen; es genügt, daſs das
Prädikat auf jedes bezogen wird, z. B.: Alle Menschen sind
in Pompeji verschüttet. Dagegen: Alle Tiere empfinden;
alle Körper sind ausgedehnt. Hier wird mit absoluter Allgemeinheit ausgesprochen, daſs, was ein Tier ist, empfindet,
was ein Körper ist, ausgedehnt sein muſs.

§ 48.

Aristoteles unterscheidet das allgemeine, partikulare
und unbestimmte Urteil; $ἀδιόριστος$. Kant unterscheidet gemäſs den drei Kategorien der Quantität, allgemeine,
besondere und einzelne Urteile. „Die einzelnen Urteile sind
der logischen Form nach im Gebrauche den allgemeinen
gleich zu schätzen; in dem einzelnen Satze: Cajus ist sterblich,
kann eben so wenig eine Ausnahme stattfinden, als in dem
allgemeinen: Alle Menschen sind sterblich. Denn es giebt
nur einen Cajus;" Hartenst. VIII, 99. Diese Ansicht Kants
wird von Herbart genauer dahin bestimmt, daſs die Gleich-

schätzung nur bei einem bestimmten Subjekte statt habe. Wird dem Subjekte durch den unbestimmten Artikel die Bedeutung eines allgemeinen Ausdrucks vindiziert, dann sollen dergleichen Urteile vielmehr zu den partikularen zu rechnen sein. Lotze versteht unter partikularen Urteilen die **quantitativ bezeichneten Urteile überhaupt**: Logik, 79. Sigwart betrachtet zuerst die einfachen Urteile; die pluralen kommen nach Darstellung der Entstehung der Urteile und der Negation zur Besprechung; confr. Logik I, § 9 ff. § 26 ff.

Nachdem wir nun die im Urteil enthaltene Aussage näher zergliedert, analysiert haben, fassen wir zunächst **die Entstehung des Urteils** ins Auge, um hierdurch die in der Bildung von Urteilen sich kund gebende Denkthätigkeit genauer kennen zu lernen.

IX. Kapitel.
Urteile a priori und a posteriori; analytische und synthetische Urteile.

§ 49.

Urteile a posteriori, oder Erfahrungsurteile, setzen weiter nichts voraus, als den aus der Wahrnehmung herstammenden Inhalt. Urteile a priori sind solche, welche jenen Inhalt derart bestimmen, dafs die Gründe dieses Bestimmens nicht aus der Erfahrung, sondern aus der menschlichen Erkenntnisthätigkeit stammen. Die zuerst genannten Urteile vollziehen sich auf empirischem Wege, indem die in ihnen verknüpften Vorstellungen des Subjekts und Prädikats einfach aus der Erfahrung aufgenommen und mit dem Bewufstsein objektiver Gültigkeit ausgesprochen werden; nihil est in intellectu, quod non fuerit in sensu. Die apriorischen Urteile werden vollzogen, indem die Verbindung von Subjekt und Prädikat in ihrer objektiven Notwendigkeit nicht auf Grund der

Erfahrung, sondern auf Grund eines der Erfahrung vorausgehenden, im Denken gründenden Faktors geschieht.

§ 50.

Aus der im vorhergehenden § gemachten Unterscheidung ergiebt sich auch das Wesen der **analytischen** und **synthetischen Urteile**. Analytische Urteile entstehen dadurch, dafs eine Gesamtvorstellung in ihre Teile zerlegt, analysiert wird; hierbei sind die Glieder des Urteils in jener Vorstellung bereits auf versteckte Weise enthalten. Synthetische Urteile beruhen auf einer solchen Kombination von Vorstellungen, dafs diese nicht die einfache Analysis einer Gesamtvorstellung, sondern vielmehr das Produkt des urteilenden Denkens ist. Eben dieses fügt nicht unmittelbar zusammengehörige Vorstellungen derart zusammen, dafs sich dieselben dennoch zu einem objektiv wahren Urteil verbinden. Da das Urteil das subjektive Abbild objektiv realer Verhältnisse ist, so sind mit Rücksicht hierauf alle Urteile synthetisch; aus demselben Grunde sind sämtliche analytische Urteile a priori.

§ 51.

Das in § 49 und 50 Entwickelte betrifft die **Entstehung der Urteile**. Urteile a posteriori entstehen aus der Erfahrung; Urteile a priori haben ihren Ursprung im menschlichen Erkenntnisvermögen. Ferner: Analytische Urteile lösen den erfahrungsmäfsig gegebenen Stoff der Erkenntnis einfach in die einzelnen Bestandteile auf; synthetische Urteile dagegen entstehen durch das urteilsmäfsige Verknüpfen solcher Vorstellungen, welche nicht durch einfache Analysis, sondern durch die Urteilsfähigkeit des Denkens verbunden werden, indem letzteres den Grund der objektiven Wahrheit der Verbindung enthält. Damit soll indes nicht gesagt sein, dafs diese Verschiedenheit der Urteile den gröfseren oder geringeren Grad der Wahrheitserkenntnis involviert. Das würde sich nur behaupten lassen auf Grund des **Empirismus, oder des absoluten Idealismus.** Ersterer nämlich beschränkt die Möglichkeit der Erkenntnis auf die Erfahrung, während letzterer den Stoff der Erfahrung von dem apriorischen Elemente der Erkenntnis abhängig macht; jener urteilt analytisch auf Grund der Induktion, dieser urteilt synthetisch auf Grund der Deduktion, indem er den Dingen die Gesetze der Entwicklung a priori vorschreibt. In Wahrheit liegt die Sache so, dafs die zuletzt betrachteten Urteile **nur in ihrer Verbindung** wahre Erkenntnis erwirken. Nehme ich das Urteil: Eis schmilzt, so ist dasselbe ein analytisches Urteil, wenn der Einflufs der Naturverhältnisse auf das Eis schon in den Begriff des Eises mit aufgenommen ist; ist das nicht der Fall, dann ist dasselbe Urteil synthetisch. Dasselbe gilt z. B. von dem Urteil: Die Erde bewegt sich um die Sonne; für den Schüler ist dieses Urteil entschieden synthetisch, während es sich für den Gebildeten zum analytischen Urteile umwandelt. Wie sich demnach einerseits zwischen synthetischen und analytischen Urteilen keine feste Grenze ziehen läfst, so ist andrerseits zu konstatieren, dafs die Urteile a priori und a posteriori stets zusammenwirken. Was von der Unabtrennbarkeit der intellektuellen Funktion von der organischen gilt, dasselbe gilt von den zuletzt genannten Urteilen. Diese für die Logik so überaus wichtige Frage will indes vor allem durch den Blick auf die Geschichte erläutert sein.

§ 52.

Aristoteles versteht unter Erkenntnis a priori die Erkenntnis aus den Ursachen; unter Erkenntnis a posteriori diejenige aus den Wirkungen. Diese Unterscheidung bleibt mafsgebend bis auf Kant. **Kant** verlangt eine Erkenntnis, welche schlechterdings von aller Erfahrung unabhängig ist. Da er diese Erkenntnis nur durch synthetische Urteile a priori gewinnen zu können glaubt (§ 13), so wird die auf Erfahrungsurteilen beruhende Erkenntnis verworfen. Damit begeht Kant, abgesehn von anderem, den Fehler, den Dingen das apriorische Element vollständig abzusprechen. Kants Princip führt zu dem Resultat, dafs nur die Erscheinungen, nicht aber das Wesen derselben, d. h. das Ding an sich, erkannt werden können. Dadurch werden die Fähigkeiten des Verstandes, welcher imstande zu sein glaubt, der Natur ihre Gesetze vorschreiben zu können, vollständig illusorisch; denn das eigentliche Feld der Erkenntnis bleibt verschlossen und spricht der vermeintlichen Allmacht des Denkens Hohn. Der Unterschied zwischen analytischen und synthetischen Urteilen im Sinne Kants hat seine tiefe Bedeutung; soll die Erkenntnis in Wahrheit objektiv gültig sein, dann muſs das Denken als solches seinem innersten Wesen nach die Fähigkeit besitzen, die Vorstellungen so miteinander zu verknüpfen, daſs die objektive Wirklichkeit dieser Verknüpfung entspricht. Daſs aber nun die Wirklichkeit vollständig vom Denken abhängig erscheint, oder mit andern Worten, daſs an die Stelle des **Nachdenkens** das **produktive Denken** (wenn auch nur in Beziehung auf die Ordnung und Regelmäſsigkeit der Natur) tritt, darin eben besteht die schroffe Einseitigkeit Kants. Was die apriorischen Anschauungs- und Erkenntnisformen zu leisten vermögen, wird für das alleinige Gebiet irrtumsfreier Wahrheit ausgegeben; dasjenige, worauf sie sich nicht beziehn können, ist von diesem Gebiete ausgeschlossen. Jene Formen ermöglichen die Erkenntnis durch synthetische Urteile a priori; aber die Objekte, an denen diese Urteile vollzogen werden, haben das apriorische Element selbst an sich, insofern ihnen dasselbe immanent ist. Das Sein, die Verhältnisse und Beziehungen der Dinge finden deshalb ihre ideellen Abbilder in der Erkenntnisthätigkeit des menschlichen Denkens, weil dieselben Gesetze, welche dort der realen Entwicklung zu Grunde liegen, sich hier in ideeller Weise bethätigen. — Diese wichtigste aller Fragen, welche gegenwärtig die Philosophie beschäftigen, muſste hier notwendig kurz berührt werden, wenn auch nicht näher auf sie eingegangen werden kann. Auf Kants Ansicht gehen besonders zurück: **Hermann Cohen**, Kants Theorie der Erfahrung; **Albert Lange**, Geschichte des Materialismus.

Über den Empirismus vergleiche § 11. **Hegel** glaubt den Unterschied zwischen analytischen und synthetischen Urteilen durch den Begriff der Entwicklung aufheben zu können. Der dialektische Fortgang, als das Gesetztsein der Idee, ist insofern analytisch, als nur das gesetzt wird, was der Idee immanent ist; der Fortgang ist aber auch synthetisch, weil in dem Begriffe der Unterschied noch **nicht gesetzt** war. Indes, so wichtig der Begriff der Entwicklung in Bezug auf die Urteilsbildung auch sein mag, — derselbe kann nur dann ein wahrhaft inhaltsvoller sein, wenn zu dem Innern die äufsern Bedingungen hinzutreten. Aus dem Begriffe der Gravitation lassen sich die astronomischen Erkenntnisse nur dann entwickeln, wenn die Massen und Entfernungen der Himmelskörper berücksichtigt werden. **Schleiermacher** läfst die Erkenntnis a priori und a posteriori stets zusammenwirken; ebenso erklärt er den Unterschied zwischen analytischen und synthetischen Urteilen für einen fliefsenden, relativen; nur soll dieser Unterschied in Bezug auf jedes einzelne, für sich gesetzte Subjekt bestehen bleiben. Nach **Sigwart** beruht die Gültigkeit synthetischer Urteile auf der individuellen Thatsache der Anschauung; dabei wird die Synthesis vor dem Urteile vollzogen; confr. § 40 ff.

§ 53.

Betreten wir, um ein Urteil zu bilden, den analytischen Weg, suchen wir also durch Verdeutlichung und Vervollständigung der Subjektsvorstellung das Prädikat zu gewinnen, dann kann der Fall eintreten, dafs unsere Versuche zu keinem Resultat führen. In diesem Falle gilt es, das, was die versuchte Analysis nicht zustande brachte, auf synthetischem Wege zu versuchen. Aber auch dieser Versuch kann scheitern und das Urteil bleibt dann **problematisch**, oder die **Negation** tritt ein, d. h. das Bewufstsein, dafs die Vorstellungskombination von der Wirklichkeit abweicht.

X. Kapitel.
Die Verneinung (Qualität).

§ 54.

Während das bejahende Urteil auf dem Bewufstsein beruht, dafs das urteilende Denken bei seiner Kombination von Vorstellungen der realen Wirklichkeit entspricht, liegt dem negativen Urteil das Bewufstsein zu Grunde, dafs jene Übereinstimmung nicht vorhanden ist. Die Negation setzt die Position voraus; denn die ursprünglichen Urteile sind sämtlich positiv, confr. § 38. Die Negation entsteht dadurch, dafs der Versuch einer Urteilsbildung verneint wird. Indem das menschliche Denken durch seine subjektive Willkür, oder in seinem Streben nach Erkenntnis der Wahrheit, auf Einfälle, Vermutungen und Behauptungen gerät, welche dem objektiv Gültigen widersprechen, wird es durch die Verneinung in die ihm durch die Natur der gegebenen Vorstellungen gesteckten Schranken zurückgewiesen. Die Verneinung des Urteils: Weifs ist nicht schwarz, ist zunächst ein Urteil über dieses falsche Urteil; erst indirekt richtet sich dieselbe auch auf das Subjekt, indem sie dieses als unverträglich mit dem ihm beigelegten Prädikate bezeichnet; confr. Sigwart, I, 121 ff.

§ 55.

Aristoteles teilt das einfache Urteil in Bejahung und Verneinung; in jener wird ein Zusammensein, in dieser ein Auseinandersein ausgesagt. Kant unterscheidet nach den drei Kategorien der Qualität affirmative, negative und unendliche Urteile; in letzteren ist die Negation nicht mit der Copula, sondern mit dem Prädikat verbunden. Dafs „das Nichtsein nicht als eine Form dessen existiert, was ist," sagt auch Aristoteles: Das Wahre und Falsche ist nicht in den Dingen, sondern im Denken. Dennoch aber soll die Trennung in den Dingen der Negation als Existenzform entsprechen. Trendelenburg sagt: „Die logische Negation wurzelt dergestalt im Denken allein, dafs sie sich rein und ohne Träger nirgends in der Natur finden kann." Indem die Negation den ganzen Urteilsakt für ungültig erklärt, behauptet sie eben, dafs das urteilende Denken dadurch fehlt, dafs es sich von der objektiven Wirklichkeit entfernt und in rein subjektiver Weise verfährt.

§ 56.

Da das negative Urteil das positive voraussetzt, so richtet es sich naturgemäfs nach den verschiedenen Formen des letzteren. Wir haben in § 40 ff. gesehen, dafs die positiven Urteile zwei- und mehrfache Urteilsverknüpfungen enthalten können (Urteile, deren Prädikat ein Verb oder Adjektiv ist, Relationsurteile etc.); nach diesen verschiedenen Verknüpfungen mufs auch die Negation gedeutet werden. Das falsche Urteil, d. h. die versuchte Behauptung eines Urteils, kann eben, grammatisch betrachtet, alle Formen des Urteils annehmen, denen sich dann die Negation dem jedesmaligen Sinne gemäfs zu widersetzen hat. — Wird die Möglichkeit verneint, einem Subjekte ein Prädikat beizulegen, dann hat das seinen Grund entweder in einem Mangel, oder in einem Gegensatze: Diese Blume riecht nicht; diese Uhr geht nicht; dagegen: Das Tier ist keine Pflanze; das Kind ist kein Greis. — Dasselbe ist der Fall bei den verneinenden pluralen Urteilen, welche von einer Mehrheit von Subjekten ein und dasselbe Prädikat verneinen. Wie nach § 47 die allgemeinen Urteile entweder empirisch, oder unbedingt allgemein sind, so gilt dasselbe von den verneinenden Urteilen.

§ 57.

Durch Verbindung der Qualität und Quantität der Urteile unterscheidet man vier Arten derselben:
1. allgemein bejahende; alle S sind P;
2. partikular bejahende; ein Teil von S ist P;
3. allgemein verneinende; kein S ist P;
4. partikular verneinende; ein Teil von S ist nicht P.

Im vorhergehenden § ist bereits gesagt, dafs die dritte

Klasse dieser Urteile der ersten folgt; ebenso ist schon früher hervorgehoben, dafs die partikular bejahenden Urteile im Unterschiede von den pluralen überhaupt entweder eine Ausnahme von der Regel konstatieren, oder ein allgemeines Urteil vorbereiten. Ersteres gilt auch von den partikular verneinenden Urteilen: Einige Menschen hören und sprechen nicht; einige Menschen sehen nicht. Ähnlich verhält es sich mit folgenden Urteilen: Einige Schüler sind nicht in der Schule; einige Gäste sind nicht erschienen. Diese Urteile werden der Reihe nach mit den Buchstaben **a, i, e, o** bezeichnet; die beiden ersten Vokale stammen aus affirmo, die beiden letzten aus nego.

> Anmerkung. Die im vorhergehenden erwähnten Urteile lassen sich durch folgende Kreise veranschaulichen:

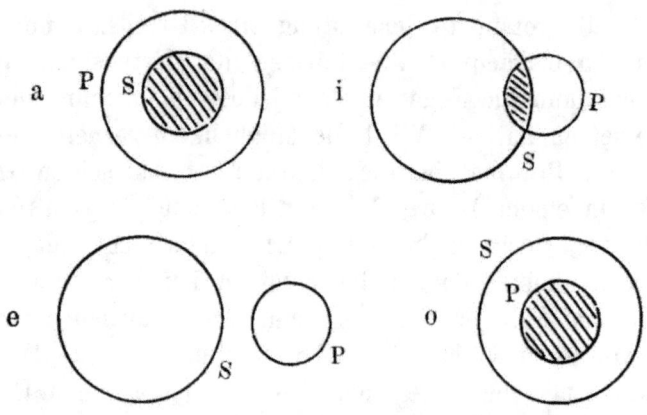

> Bei a können die Umfänge von P und S natürlich auch als mit einander zusammenfallend dargestellt werden. Confr. Drobisch, § 46.

§ 58.

Kontradiktorisch entgegengesetzte Urteile sind solche, von denen das eine das Nämliche bejaht, was das andre verneint. So sind z. B. in § 57 die Urteile a und o kontradiktorisch entgegengesetzt, weil die allgemeine Bejahung keine partikulare Verneinung duldet; dasselbe gilt von den Urteilen e und i, weil die allgemeine Verneinung die par-

tikulare Bejahung ausschliefst. Urteile, welche in Bezug auf
Bejahung und Verneinung am weitesten voneinander abstehen, heifsen **konträr entgegengesetzt**; so die Urteile
a und e; denn die allgemeine Bejahung ist von der allgemeinen Verneinung am weitesten entfernt. Von **subkonträren** Urteilen ist das eine ein partikular bejahendes,
das andre in Bezug auf denselben Inhalt ein partikular verneinendes. Urteile, von denen das eine ein Prädikat auf den
ganzen Umfang des Subjektes bejahend oder verneinend bezieht, das andre dagegen dasselbe Prädikat auf einen Teil
jenes Umfanges beschränkt, heifsen **subaltern**. Aristoteles
hat für die im vorhergehenden § angeführten Urteilsformen
folgende Beispiele: Jeder Mensch ist gerecht = a; nicht jeder
Mensch ist gerecht = o; jeder Mensch ist ungerecht = e;
nicht jeder Mensch ist ungerecht = i. Sigwart behauptet,
dafs die von Aristoteles herrührende oben erwähnte kontradiktorische Entgegensetzung der Urteile auf Falsches führe,
wenn nicht der Unterschied zwischen empirisch- und unbedingt allgemeinen Urteilen festgehalten werde. Das Hauptgewicht soll nicht darauf liegen, ob **dem ganzen Umfange**,
oder **einem Teile** desselben das Prädikat zukomme, sondern
darauf, ob die Verknüpfung des Prädikats mit dem Subjekte
notwendig, oder **möglich** sei.

§ 59.

Der Satz des Widerspruchs richtet sich auf das Verhältnis eines positiven Urteils zu dessen Verneinung; er lautet:
Kontradiktorisch entgegengesetzte Urteile können nicht beide
wahr sein; ist das eine wahr, dann ist das andre falsch.
Das bejahende Urteil konstatiert unserer Definition gemäfs die
Übereinstimmung der Vorstellungskombination mit der realen
Wirklichkeit; also mufs die Verneinung falsch sein. Das
verneinende Urteil konstatiert, dafs die Vorstellungskombination sich mit der Wirklichkeit nicht deckt; also ist die
Bejahung falsch. — Dafs der Inhalt eines jeden Dinges nur
als sich selbst gleich gedacht werden darf, drückt der Satz
der Identität aus. $A = A$; d. h. jedes Ding ist, was es

ist. Damit zusammen hängt der **Grundsatz der Einstimmigkeit**: A, welches B ist, ist B, d. h. jedes im Subjektsbegriffe liegende Merkmal kann demselben als Prädikat beigelegt werden. Wie der Satz der Identität in **kategorischer** Urteilsform ausdrückt, daſs jedes **Ding** nur als sich selbst gleich gedacht werden darf, so besagt der Satz des Widerspruchs in **negativer** Urteilsform, daſs von zwei sich widersprechenden **Urteilen** nur eins wahr sein kann.

§ 60.

Der Satz der Identität findet sich zuerst bei Parmenides (§ 5): Oportet hoc dicere et cogitare, **id, quod sit, esse**. Bei demselben Philosophen finden sich die ersten Andeutungen des Satzes vom Widerspruch; denn dadurch, daſs neben den Satz: Nur das Sein ist, jener andere gestellt wird: Das Nichtsein ist nicht, wird verneint, daſs zwei sich widersprechende Urteile beide wahr sein können vgl. § 5. Plato unterscheidet die Welt der ewigen, unwandelbaren Ideen von der Welt der sinnlichen Dinge. Er will den Gegensatz zwischen der Lehre des Heraklit und derjenigen der Eleaten aufheben; Poetter, § 40 ff. Die sinnlichen Dinge sind nie ohne das Entgegengesetzte; sie sind in unablässigem Wechsel begriffen, also in jedem Augenblick Sein und Nichtsein zugleich. Das wahre Wissen richtet sich auf die Ideenwelt als das wahrhaft Seiende, und besteht darin, **daſs das Seiende als seiend erkannt wird**. Der Ausspruch Platos im Phaedon, „daſs das Entgegengesetzte sein Entgegengesetztes niemals werden will, weder das in uns, noch das in der Natur," drückt nicht den kontradiktorischen, sondern den **konträren Gegensatz** aus. Der Widerspruch in den Dingen wird hauptsächlich darin gefunden, daſs dieselben fortwährend ihre Prädikate wechseln. Im Euthydem wird die Frage aufgeworfen: „Dünkt dich nun möglich, daſs irgend etwas das, was es ist, zugleich auch nicht sei?" **Aristoteles** drückt den Satz der Identität aus in den Worten: „Was wahr ist, das muſs notwendigerweise in jeder Hinsicht mit sich übereinstimmen." Den Satz des Widerspruchs enthält die Formel: „Es ist unmöglich, daſs dem Nämlichen das Nämliche in der nämlichen Beziehung zugleich zukomme und nicht zukomme." Dieser **metaphysischen** Fassung des Widerspruchs korrespondiert die logische: „Es ist unmöglich, daſs widersprechende Aussagen zugleich wahr sein können." — **Aristoteles** hat zwar den Satz des Widerspruchs keineswegs als die Hauptbasis der logischen Erkenntnis betrachtet; seine Lehre bleibt indes, abgesehen von einzelnen Widersprüchen, im späteren Altertum und im Mittelalter die herrschende.

§ 61.

In der Schule des **Leibnitz** wird der Satz der Identität und des Widerspruchs an die Spitze der Logik gestellt. **Locke** verwirft den zuletzt genannten Satz, weil er in demselben keine Frucht für das Denken zu entdecken vermag. Nach **Kant** ist durch den Satz des Widerspruchs und der Identität die innere Möglichkeit einer Erkenntnis für **problematische** Urteile bestimmt; Hartenst. VIII, 53. Die formale nachkantische Logik versteht unter dem Satze der Identität die bloſse Übereinstimmung des Denkens mit sich selbst, also nicht mit dem Sein und macht den Satz in diesem ziemlich nichtssagenden Sinne zum Fundamente der gesamten Logik. „Der Satz des Aristoteles betrifft das Verhältnis eines bejahenden und eines verneinenden Urteils, bei ihm widerspricht ein Urteil dem andern; der spätere Satz betrifft das Verhältnis von Subjekt und Prädikat in einem einzigen Urteil, das Prädikat widerspricht dem Subjekt. Aristoteles erklärt das eine Urteil für falsch, wenn ein anderes wahr ist; die Späteren erklären ein Urteil für sich und absolut für falsch, weil das Prädikat dem Subjekte widerspricht." **Sigwart**. **Schleiermacher** will den Satz der Identität auf die Identität des Gedachten und des Seins als Form des Wissens gedeutet wissen. **Hegel** betrachtet den Satz des Widerspruchs als die negative Form des Satzes der Identität: „Der Satz der Identität lautet: Alles ist mit sich identisch; A = A; und negativ: A kann nicht zugleich A und nicht A sein. Dieser Satz, statt ein wahres Denkgesetz zu sein, ist nichts, als das Gesetz des abstrakten Verstandes. Die Form des Satzes widerspricht ihm schon selbst, da ein Satz auch einen Unterschied zwischen Subjekt und Prädikat verspricht, dieser aber das nicht leistet, was seine Form fordert." „Der Grund ist die Einheit der Identität und des Unterschiedes; die Wahrheit dessen, als was sich der Unterschied und die Identität ergeben hat, die Reflexion = in = sich, die ebenso sehr Reflexion = in = Anderes und umgekehrt ist;" Encyklop. I, § 111. Dagegen vergleiche besonders Trendelenburg, log. Unters. I, Seite 30 ff. Nach Herbart lautet der Satz des Widerspruchs: „Entgegengesetztes ist nicht einerlei." Es liegt in der Natur des herbartschen Systems, dafs der Satz des Widerspruchs nicht blofs festgehalten, sondern so viel wie möglich überspannt wird; sogar die Vereinbarkeit mehrerer Prädikate in einem Subjekte soll durch den Satz ausgeschlossen werden, damit das Ding mit wechselnden Eigenschaften seine Widersprüche behält. Ueberweg sagt: „Hegel überträgt, was von dem konträren Gegensatze gilt, auf den kontradiktorischen, Herbart, was von diesem gilt, auch auf jenen."

§ 62.

Der Grundsatz des ausgeschlossenen Dritten bezieht sich auf zwei kontradiktorisch entgegengesetzte Urteile. Da nämlich von diesen das eine oder andere notwendig wahr sein mufs, und also die Unwahrheit des einen die Wahrheit des andern einschliefst, so ist die Wahrheit eines dritten oder mittleren Urteils unmöglich. Demnach kann die Antwort auf ein und dieselbe in demselben Sinne verstandene Frage nur Ja oder Nein sein; die Antwort: Weder Ja noch Nein, ist unzulässig.

Der in Rede stehende Satz setzt vor allem eine vernünftige Fragestellung voraus; diese aber ist nur möglich bei strengem Festhalten an dem Wesen der Bejahung und Verneinung. Jene beruht auf der Übereinstimmung des Urteils mit der objektiven Wirklichkeit, diese auf dem Bewufstsein der Abweichung des im Urteil Behaupteten von dem objektiv Wirklichen. Die Fragestellung darf also nicht auf dem Spiel der das wahre Sein der Dinge aufser acht lassenden Phantasie beruhen; sie mufs vielmehr von dem logisch geschulten Denken ausgehen, welches nur dasjenige urteilsmäfsig zu verknüpfen sucht, was irgendwie begrifflich zusammengehört. Dabei ist zu beachten, dafs sich der Satz seinem eigentlichen Sinne nach auf kontradiktorisch entgegengesetzte Urteile bezieht, nicht aber darauf, dafs einem Subjekte von zwei contradiktorisch entgegengesetzten Prädikaten jedesmal eins zukommen müsse; confr. § 58. Lotze sagt zwar mit Recht: „Der Satz des ausgeschlossenen Dritten oder des exclusi tertii inter duo kontradictoria behauptet nichts, als: Von zwei Prädikaten, welche für ein Subjekt S kontradiktorische sind, hat S immer das eine mit Ausschlufs des andern, und wenn es das eine nicht hat, so hat es notwendig das andre mit Ausschlufs jedes dritten," Logik, 96; aber dabei wird stillschweigend vorausgesetzt, dafs an demselben Subjekt zwei kontradiktorische Urteile bereits vollzogen sind. Nur durch dieses Urteilen, d. h. durch das Wählen der Prädikate mit fortwährender Berücksichtigung des Subjekts bleibt das Denken vor dem „Hinauslangen ins Blaue hinein" bewahrt. —

§ 63.

Plato stellt zwischen die Ideen als das wahrhaft Seiende und die Materie, d. h. den Raum, als das Nichtseiende die sinnlichen Dinge; Poetter § 47 ff. Aristoteles dagegen kennt nur zwei Principien, nämlich die Form und den Stoff, das Wirkliche und das Mögliche, welche sich gegenseitig zur Einheit der Substanz durchdringen. Hier wird also das Mittlere zwischen den beiden Gliedern des Gegensatzes verworfen, worin sich der Ursprung des Satzes vom ausgeschlossenen Dritten bekundet. Wolff lehrt: Propositionum contradictoriarum altera necessario vera; inter contradictoria non datur medium. Kant lehrt: „Auf den Satz des ausschliefsenden Dritten gründet sich die logische Notwendigkeit eines Erkenntnisses; — dafs notwendig so und nicht anders geurteilt werden müsse, d. h. dafs das Gegenteil falsch sei, für **apodiktische** Urteile." "Anstatt nach dem Satz des ausgeschlossenen Dritten zu sprechen, wäre vielmehr zu sagen: Alles ist entgegengesetzt. Es giebt in der That nirgends weder im Himmel noch auf Erden, weder in der geistigen noch in der natürlichen Welt ein so abstraktes Entweder — Oder, wie der Verstand solches behauptet;" Hegel, Encyklop. I, § 119. Dagegen läfst **Kuno Fischer** dem Satze vom ausgeschlossenen Dritten sein Recht widerfahren. **Herbart** hält an der Bedeutung desselben streng fest; conf. **Drobisch**, § 60. Über die bestrittene Wahrheit unseres Satzes verbreitet sich ausführlich **Ueberweg**, Logik § 78. **Sigwart** schiebt zwischen den Satz des Widerspruchs und des ausgeschlossenen Dritten die doppelte Verneinung, welche gleich ist der verstärkten Bejahung.

Es ist zu beachten, dafs die in Rede stehenden Sätze nur bei **kontradiktorisch** entgegengesetzten Urteilen Geltung haben, nicht bei **konträren**. Hier können beide Urteile falsch sein, wobei man an die kantischen **Antinomien** denken mag; oder der Satz des zwischen konträren Gegensätzen in der Mitte liegenden dritten kann zur Anwendung kommen. Beide Sätze können aber auch wahr sein, indem der Satz der Vermittlung auf sie Anwendung findet.

§ 64.

Wir haben in § 53 gesehen, dafs bei unseren Urteilsverknüpfungen die Frage nach der objektiven Gültigkeit der Urteile auch eine offene bleiben kann und mithin das Urteil ein **problematisches** ist. Nachdem wir nunmehr das **Wesen der Negation** näher kennen gelernt haben, richten wir unsere Aufmerksamkeit auf jenen Punkt und werden damit auf die **Modalität** der Urteile überhaupt geführt.

XI. Kapitel.
Die Modalität der Urteile.

§ 65.

Der Modalität nach sind die Urteile problematisch, assertorisch, oder apodiktisch. Das problematische Urteil bringt die Entscheidung, ob die Vorstellungskombination mit der objektiven Wirklichkeit übereinstimmt, nicht zur Gewifsheit. Demgemäfs ist nach unserer Definition (§ 36) das problematische Urteil eigentlich kein Urteil; es ist nur insofern ein Urteil, als es aussagt, dafs der Urteilende in Bezug auf die zu beantwortende Frage ungewifs ist. Das assertorische und apodiktische Urteil drücken beide die Übereinstimmung des im Urteil Ausgesprochenen mit der objektiven Wirklichkeit aus. Sie unterscheiden sich dadurch von einander, dafs ersteres diese Übereinstimmung auf Grund unmittelbarer Gewifsheit, letzteres auf Grund vermittelter Gewifsheit, d. h. auf Grund des Beweises ausspricht.

§ 66.

Die gegebene Einteilung der Urteile nach der Modalität beruht auf dem Satze des Aristoteles: πᾶσα πρότασίς ἐστιν ἢ τοῦ ὑπάρχειν ἢ τοῦ ἐξ ἀνάγκης ὑπάρχειν ἢ τοῦ ἐνδέχεσθαι ὑπάρχειν. Kant erklärt: „Dieses Moment der Modalität zeigt also nur die Art und Weise an, wie im Urteil etwas behauptet, oder verneint wird; ob man über die Wahrheit oder Unwahrheit eines Urteils nichts ausmacht, wie in dem problematischen Urteile: Die Seele des Menschen mag unsterblich sein; — oder ob man darüber etwas bestimmt, wie in dem assertorischen Urteile: Die menschliche Seele ist unsterblich; oder endlich, ob man die Wahrheit eines Urteils sogar mit der Dignität der Notwendigkeit ausdrückt, wie in dem apodiktischen Urteile: Die Seele des Menschen mufs unsterblich sein. Diese Bestimmung der blofs möglichen oder wirklichen oder notwendigen Wahrheit betrifft also nur das Urteil selbst, keineswegs die Sache, worüber geurteilt wird;" Hartenstein VIII, 106. — Was von der Qualität der Urteile gesagt wurde, daſs nämlich die Negation lediglich in unserm Denken vollzogen werde, eben das gilt auch von der Modalität. Die verschiedenen Grade der Gewiſsheit sind nur in unserer Erkenntnisthätigkeit, ohne das Sein der Dinge irgendwie zu berühren. Neben dieser **subjektiven** Entscheidung über die Möglichkeit resp. Notwendigkeit des Urteils in Beziehung auf das wirkliche Sein der Dinge, giebt es indes auch eine **objektive** Möglichkeit, resp. Notwendigkeit.

§ 67.

Notwendigkeit in **objektivem Sinne** wollen die unbedingt allgemeinen Urteile ausdrücken; confr. § 47. Diese Notwendigkeit hat ihren Grund teils in dem innern Wesen, teils in der äuſsern Kausalität. Das innere Wesen ist der einheitliche, beharrliche Grund, welcher die Eigenschaften oder Thätigkeiten eines Dinges principiell notwendig macht; man denke hierbei an die Monaden des Leibnitz. Die äuſsere Kausalität beruht auf dem Gesetz, wonach die Veränderung eines Dinges die Veränderung eines andern Dinges notwendig voraussetzt, wonach also das gesamte Sein der Dinge unter dem Gesichtspunkte der gegenseitigen Abhängigkeit von einander zu betrachten ist. Eben dadurch, daſs die allgemeinen Gesetze, unter denen das Einzelne steht, erkennbar sind, ist die reale Notwendigkeit erkennbar. Urteile, welche eine derartige Notwendigkeit enthalten, werden ausgesprochen vermittelst der Verba **müssen**, **notwendig sein** etc.

§ 68.

Wahrhaft entgegengesetzt ist der realen Notwendigkeit nur **die Freiheit**. Diese aber herrscht lediglich im Reiche freier Subjekte, welche der Notwendigkeit entrückt sind. Hier beruht die Macht, etwas zu thun oder nicht zu thun, etwas so oder anders zu thun, auf der freien Entscheidung des Willens. Aber auch im Gebiete des Unfreien, Notwendigen, herrscht eine gewisse **Freiheit**, insofern das unfreie

Ding in verschiedener Weise thätig, eben deshalb veränderlich und nicht von der Notwendigkeit beherrscht ist, zu allen Zeiten dasselbe zu sein. Betrachten wir die Welt als Ganzes, so liegt in diesem Ganzen die Möglichkeit alles dessen, was sein wird. Wir haben aber bei dieser Betrachtung die Gesamtheit der Dinge dem zeitlichen Verlaufe ihrer wirklichen Existenz entrückt und die ihnen in Wirklichkeit zukommenden Prädikate als in ihrem bleibenden Wesen begründet ins Auge gefaſst. Dasselbe gilt ebenso von dem Einzelnen. Dieses ist in der Entfaltung seines Wesens teils von äuſsern, sowohl fördernden, als auch hindernden Umständen abhängig, teils enthält es in sich selbst den Grund dessen, was sein wird. Insofern letzteres der Fall ist, liegt in ihm die Möglichkeit und zwar die reale Möglichkeit der zukünftigen Entwicklung. Dergleichen Urteile werden gewöhnlich durch die Verba können, fähig sein etc. ausgedrückt.

§ 69.

Urteile, welche eine reale Möglichkeit, oder eine reale Notwendigkeit ausdrücken, sind nur dann wahr, wenn der logische Gedankenzusammenhang dem realen Kausalzusammenhange entspricht. In diesen Worten ist der Satz vom zureichenden Grunde bereits ausgesprochen. Wir haben in § 21 auf die unbewuſste Entwicklung der Denkgesetze hingewiesen. Diese Entwicklung geschieht in stetem Zusammenhange mit dem von gesetzmäſsiger Notwendigkeit beherrschten Gebiete des Seins. Was hier real geschieht, findet im Denken sein ideelles Abbild. Je reicher die Erkenntnis der innern Gesetzmäſsigkeit ist, um so reicher ist auch die des wirklichen Geschehens und umgekehrt. Darin nun, daſs Erkenntnisgrund und Realgrund sich decken, d. h. also, daſs dasjenige, was die Gewiſsheit der Gültigkeit des Urteils im Denken erzeugt, zugleich dasjenige ist, was den Inhalt der Aussage objektiv begründet, besteht das Wesen des genannten Gesetzes. Der Satz der Identität $A = A$ besagt: Jedes Ding ist, was es ist; jedes Ding ist sich selbst gleich. Der Satz des Grundes stellt zunächst zwischen zwei Verschiedenen eine bestimmte Verbindung her: A + B. Diese Verbindung wird dann mit einer neuen Vorstellung als gleich gesetzt: A + B = C; hierbei drückt die Verbindung von A und B den Grund und C die Folge aus, so dafs also Grund und Folge völlig identisch sind. Der Grund des explodierenden Pulvers ist die erhöhte Temperatur; (A die gewöhnliche, B die erhöhte Temperatur); also A + B = C. Spreche ich das Urteil aus: Pulver explodiert, dann ist der ideelle Grund dieses Urteils der, dafs ich mit der Verbindung der Vorstellung des Pulvers und des zündenden Funkens unmittelbar die Vorstellung des Explodierens als notwendige Folge verbinde; dieser ideelle Erkenntnisgrund entspricht aber durchaus dem Realgrunde. Wie mit dem Grunde die Folge notwendig gesetzt ist, so ist mit der Folge der Grund notwendig aufgehoben. —

§ 70.

Dafs Nichts ohne Ursache geschieht und dafs die Erkenntnisgründe mit den Realgründen übereinstimmen müssen, ist schon bei Plato und Aristoteles die unerläfsliche Bedingung wahrer Erkenntnis. Leibnitz stellt den Satz vom zureichenden Grunde neben dem Satze des Widerspruchs als Princip der Erkenntnis auf. Kraft jenes Satzes erkennen wir, „dafs kein Faktum als wirklich erfunden werden und kein Satz wahr sein kann, ohne einen zureichenden Grund, warum es vielmehr so, als anders ist." Nach Wolff ist der Satz des Widerspruchs die Quelle der notwendigen, der Satz vom Grunde die Quelle der zufälligen Wahrheiten. Logisch erklärt Kant den Satz vom Grunde für das Princip der assertorischen Urteile; metaphysisch besagt das Gesetz der Kausalität: „Alle Veränderungen geschehen nach dem Gesetze der Verknüpfung von Ursache und Wirkung." Dieser Grundsatz a priori bezieht sich indes nur auf die Erscheinungen, nicht auf die Dinge an sich, also nicht auf das eigentliche Wesen. Von kantischen Principien ausgehend hat Schopenhauer den Satz vom Grunde für das principium essendi, fiendi, agendi, cognoscendi erklärt. Über Hegel vergleiche § 61. Herbarts Realen haben den Trieb der Selbsterhaltung im Zusammensein mit andern, woraus sich der Kausalzusammenhang erklärt; den Zusammenhang von Grund und Folge im Denken verdeutlicht die **Methode der Beziehungen**, wonach das Gegebene in hypothetischer Weise ergänzt werden mufs, wenn das Gesetz des Widerspruchs seine Geltung behalten soll. Nach **Schleiermacher** liegt die kausale Notwendigkeit darin begründet, dafs das Einzelne in den allgemeinen Kausalzusammenhang verflochten ist. Dabei ist indes zu beachten, dafs alles im Gebiete des Seins eben so frei ist als notwendig. Denn frei ist alles, insofern es eine für sich gesetzte Identität von Einheit der Kraft und Vielheit der Erscheinungen ist, notwendig dagegen ist es, insofern es in das System des Zusammenseins verflochten, als eine Succession von Zuständen erscheint; confr. § 67 und 68. — Wie bei **Kant** die logische Fassung des Satzes vom Grunde von der metaphysischen zu unterscheiden ist, so gilt dasselbe von **Leibnitz**; confr. Sigwart I, § 32.

§ 71.

Wir sind in unserer Betrachtung des Urteils von den einfachen und pluralen Urteilen ausgegangen, haben die Entstehung der Urteile näher erwogen, um sodann die Qualität und Modalität derselben ins Auge zu fassen. Hierbei wurde uns Gelegenheit geboten, die **vier Denkgesetze**, nämlich den Satz der Identität und des Widerspruchs, den Satz vom ausgeschlossenen Dritten und den Satz des Grundes zu erörtern. Da wir nun bisher nur die einfachen, in **einem Satze ausgesprochenen**, Urteile berücksichtigt haben, so erübrigt noch die Betrachtung der **zusammengesetzten Urteile**, welche durch die Verknüpfung mehrerer Sätze gebildet werden. Das führt uns auf die **Relation der Urteile**.

XII. Kapitel.
Die Relation der Urteile.

§ 72.

Kant teilt die Urteile nach den Kategorien der Relation in **kategorische, hypothetische und disjunktive.** Hierbei ist zunächst zu bemerken, daſs das kategorische Urteil in unserer ganzen bisherigen Darstellung seine Erledigung bereits gefunden hat; wir haben eben bisher die Urteile unter dem Gesichtspunkte des Kategorischen betrachtet und macht auch die Modalität derselben hiervon keine Ausnahme. Sodann aber unterliegt es keinem Zweifel, daſs die hypothetischen und disjunktiven Urteilsformen die kategorische in sich schlieſsen und daſs es mithin unberechtigt ist, die drei genannten Formen in ein koordiniertes Verhältnis zu einander zu setzen. Was ferner die **Zusammensetzung der Urteile** anbetrifft, so hat sich die logische Theorie gewöhnt, hierbei einen Unterschied zu machen zwischen dem, was der Grammatik angehört und dem ins Gebiet der Logik Fallenden. Der Grammatik, welche den sprachlichen Ausdruck des Gedankens erörtert, sind zuzuweisen sämtliche kausale, temporale, lokale etc. Satzverbindungen; confr. Ueberweg, § 68. Die Logik dagegen muſs diejenige Verbindung von Aussagen einer genaueren Erörterung unterziehen, welche die Form von **Hypothesen** haben; denn diese sind für den letzten Zweck des Denkens, ein wahrheitsgetreues ideelles Abbild der objektiven realen Wirklichkeit zu erzeugen, von universaler Bedeutung. Dahin gehören aber nur die **hypothetischen und disjunktiven** Urteile, welche zuerst von den Peripatetikern und Stoikern genauer erörtert wurden.

§ 73.

Das **hypothetische Urteil** behauptet, daſs zwischen **Vordersatz und Nachsatz** das Verhältnis von **Grund und Folge** bestehe: Wenn A B ist, dann ist C D; wenn also das im Vordersatz ausgesprochene Urteil wahr ist, dann ist auch das im Nachsatz ausgesprochene Urteil wahr. Das eine folgt notwendig aus dem andern: Wenn die Seele materiell ist, dann ist sie ausgedehnt. Werden zwei unbedingt gültige Urteile in das Verhältnis von Grund und Folge gestellt, dann ist die Behauptung die, dafs, wer das eine annimmt, auch das andre annehmen mufs. Auch bei zeitlich gültigen Urteilen folgt die zweite Behauptung aus der ersten; nur hängt hierbei die Konsequenz oft von der Erfüllung bestimmter Bedingungen ab, welche der Vordersatz nicht näher angiebt: Wenn der Himmel sich aufklärt, giebt es Frost. Wird das Subjekt durch das Wort „Etwas" ausgedrückt: Wenn etwas körperlich ist, so ist es ausgedehnt, oder ist das Subjekt ein Pronomen relativum: Wer gerecht ist, giebt jedem das Seine, dann besagen die hypothetischen Urteile nichts anderes, als die unbedingt allgemeinen Urteile: Alles Körperliche ist ausgedehnt; der Gerechte giebt jedem das Seine. Hierher gehört auch das in den §§ 67 und 68 über die reale Notwendigkeit, resp. Möglichkeit Gesagte: Wenn das Samenkorn in die fruchtbare Erde fällt, dann wächst es. Die verneinenden hypothetischen Urteile haben verschiedene Formen: Wenn A gilt, gilt B nicht; wenn A nicht gilt, gilt B nicht; wenn A nicht gilt, gilt B. Die Verneinung des hypothetischen Urteils: Wenn A gilt, gilt darum nicht B, steht mit dem Urteil: Wenn A gilt, gilt B, im kontradiktorischen Gegensatz.

§ 74.

Das disjunktive Urteil behauptet, dafs von einer bestimmten Anzahl möglicher, aber unvereinbarer Hypothesen die eine notwendig wahr sein mufs. Die einfachste Form dieses Urteils spricht sich aus in dem Satze vom ausgeschlossenen Dritten; denn hiernach ist von den beiden Hypothesen: A ist entweder B oder nicht B, notwendig die eine wahr. Nun findet aber die Wahl nicht blofs statt zwischen Bejahung und Verneinung; — es können vielmehr in Beziehung auf dasselbe Subjekt verschiedene Hypothesen möglich sein: A ist vielleicht B, vielleicht C, D, E etc. Nur eins dieser Prädikate ist dem disjunktiven Urteil zufolge wahr und involviert die Wahrheit dieses einen die Unwahrheit der übrigen; denn die notwendige Gültigkeit nur **einer** Hypothese unter der Zahl vieler möglichen involviert eben das Wesen des in Rede stehenden Urteils.

Folgende Urteile drücken die sich ausschliefsenden Bestimmungen einer allgemeinen Vorstellung aus: Eine Linie ist entweder gerade oder krumm; Wasser ist entweder flüssig oder fest oder gasförmig. — **Das divisive Urteil** drückt die Gesamtheit der Subjekte, welche unter die allgemeine Vorstellung A fallen können, **als gesetzt** aus: Die Linien sind teils gerade, teils krumm; die Menschen sind teils männlich, teils weiblich, Wasser ist bald flüssig, bald fest, bald gasförmig. Indem das divisive Urteil Erfahrungsthatsachen konstatiert, **begründet** es eben dadurch das disjunktive: Weil alle Menschen teils männlich, teils weiblich sind, so ist jeder Mensch **entweder männlich oder** weiblich. In der Mathematik ist das umgekehrt. Confr. zu § 73 und 74 Sigwart, § 35 ff.

XIII. Kapitel.

Die unmittelbaren Folgerungen.

§ 75.

Es liegt in der Natur der Sache, dafs sich dasselbe Urteil in verschiedenen sprachlichen Wendungen und Ausdrucksweisen aussagen läfst. Dergleichen **Umformungen** eines **einzelnen Urteils nennt man die unmittelbaren Folgerungen.** Dieselben unterscheiden sich also dadurch von den eigentlichen Schlüssen, dafs sie aus **nur einem Urteil** abgeleitet werden, während die Schlüsse mindestens **zwei** Urteile voraussetzen. Das vorliegende Kapitel bildet eben deshalb den Übergang zur Lehre von den Schlüssen, wie denn sein Inhalt auch wohl als die Lehre von den unmittel-

Kap. XIII. Die unmittelbaren Folgerungen. § 76—78. 69

baren Schlüssen bezeichnet wird. Als unmittelbare Folgerungen werden aufgezählt: 1. die Opposition; 2. die Veränderung der Relation; 3. die Äquipollenz; 4. die Subalternation; 5, die modale Konsequenz; 6. die Konversion; 7. die Kontraposition.

§ 76.

Nach der Opposition wird aus der Wahrheit eines Urteils auf die Unwahrheit des kontradiktorischen Gegenteils und umgekehrt geschlossen. Nach dem Satze des Widerspruchs nämlich können kontradiktorisch entgegengesetzte Urteile nicht beide wahr, nach dem Satze vom ausgeschlossenen Dritten aber nicht beide falsch sein. Ebenso folgt aus der Opposition, dafs die Wahrheit eines Urteils die Unwahrheit des konträr entgegengesetzten, die Unwahrheit eines Urteils aber die Wahrheit des subkonträr entgegengesetzten involviert; confr. § 58.

§ 77.

Die Veränderung der Relation tritt ein, wenn ein unbedingt allgemeines Urteil in ein hypothetisches verwandelt wird: Alle A sind B; wenn etwas A ist, dann ist es B. Ebenso kann umgekehrt das hypothetische Urteil in ein allgemeines verwandelt werden, wobei dann letzteres die Folge der Notwendigkeit ausdrückt. Ferner gehört hierher die Umwandlung eines disjunktiven Urteils in mehrere hypothetische: Wenn etwas Wasser ist, dann etc., gebildet aus dem Urteil: Wasser ist entweder flüssig oder fest oder luftförmig. Natürlich kann auch aus mehreren hypothetischen Urteilen ein disjunktives gebildet werden.

§ 78.

Die Äquipollenz geht auf die Übereinstimmung zweier Urteile bei verschiedener Qualität. Sie beruht darauf, dafs jedes S., welches nicht in der Sphäre von P liegt, in der Sphäre von Nicht-P liegen mufs und umgekehrt. Alle S sind P; also: Kein S ist ein Nicht-P. Kein S ist P; also:

Jedes S ist ein Nicht-P. Einige S sind P; also: Einige S sind nicht Nicht-P. Einige S sind nicht P; also: Einige S sind Nicht-P. Natürlich gehen die Folgerungen ebenso von den letzteren Urteilen auf die ersteren.

§ 79.

Der Subalternation zufolge wird von der ganzen Sphäre des Subjektsbegriffs auf einen Teil derselben und umgekehrt übergegangen. Alle S sind P; also sind einige S P. Kein S ist P; also sind einige S nicht P. Ist ferner das partikulare Urteil: Einige S sind P, falsch, dann folgt daraus die Unwahrheit des allgemeinen: Alle S sind P; ebenso ergiebt sich aus der Unwahrheit des partikular verneinenden Urteils: Einige S sind nicht P, die Unwahrheit des allgemein verneinenden: Kein S ist P. Dasselbe gilt von den hypothetischen Urteilen: Wenn A ist, ist allemal auch B; also: Wenn A ist, ist einigemal auch B. Hierher gehört der Satz der älteren Logik: „Quidquid de omnibus valet, valet etiam de quibusdam et singulis; quidquid de nullo valet, nec de quibusdam vel singulis valet."

§ 80.

Nach der modalen Konsequenz wird aus der Notwendigkeit die Wirklichkeit und Möglichkeit, aus der Wirklichkeit die Möglichkeit abgeleitet; ebenso aus der Verneinung der Möglichkeit die Verneinung der Wirklichkeit und Notwendigkeit, aus der Verneinung der Wirklichkeit die der Notwendigkeit. — Ist die Wahrheit eines Urteils durch den Beweis festgestellt, dann läfst es sich in assertorischer Form einfach als wahr, noch viel mehr aber als wahrscheinlich aussprechen; ebenso involviert die unmittelbare Gewifsheit die Wahrscheinlichkeit. Fehlt dagegen der geringste Grad der Gewifsheit, dann kann der höhere noch viel weniger vorhanden sein.

§ 81.

Durch die Konversion entsteht aus einem Urteil A ist B ein neues Urteil, dessen Subjekt B und dessen

Prädikat A ist. Beim hypothetischen Urteil wird durch die Konversion der bedingende Satz zum bedingten, dagegen der bedingte zum bedingenden. Demnach folgt 1. aus dem **allgemein bejahenden Urteil**: Jedes S ist P, das partikular bejahende: Mindestens einige P sind S; ebenso folgt aus dem Urteil: Jedesmal, wenn A ist, ist B: Mindestens einigemal, wenn B ist, ist A. Hierbei wird indes vorausgesetzt, daſs das Prädikat der Gattungsbegriff des Subjekts ist und daſs dieses mithin in demselben Sinne Subjekt werden kann, in welchem dieses Subjekt war. Sodann folgt 2) aus **dem partikular bejahenden Urteil**: Einige S sind P, das ebenfalls partikular bejahende: Mindestens einige P sind S; oder, aus dem partikular hypothetischen Urteil: Zuweilen, wenn A ist, ist B = mindestens zuweilen, wenn B ist, ist A. Endlich folgt 3. aus **dem allgemein verneinenden Urteil**: Kein S ist P das allgemein verneinende: Kein P ist S; ebenso aus dem allgemein verneinenden hypothetischen Urteil: Niemals, wenn A ist, ist B = niemals, wenn B ist, ist A. Das partikular verneinende Urteil läſst keine Konversion zu. Während der tiefere Sinn der Konversion bei den bejahenden Urteilen in dem Nachweis der Vereinbarkeit des Prädikats mit dem Subjekte besteht, besteht jener Sinn bei den allgemein verneinenden Urteilen darin, daſs die Ausschlieſsung zweier Begriffe als **eine gegenseitige** dargethan wird.

§ 82.

Die Kontraposition macht bei einem Urteil das kontradiktorische Gegenteil des Prädikats zum Subjekte und dieses zum Prädikat; dabei verwandelt sie die Bejahung in Verneinung und umgekehrt: Alle S sind P = kein non P ist S. Beim hypothetischen Urteil wird das kontradiktorische Gegenteil des bedingten Satzes zum bedingenden Satze und tritt an die Stelle der affirmativen Urteilsverbindung die negative, an die Stelle der negativen aber die positive: Jedesmal, wenn A ist, ist B = niemals, wenn B nicht ist, ist A. Aus dem allgemein verneinenden Urteile: Kein S ist P, folgt: Mindestens einige non P sind S; oder in hypothetischer Form:

Niemals, wenn A ist, ist B = mindestens einigemal, wenn B nicht ist, ist A. Das partikular verneinende Urteil ergiebt durch Kontraposition das partikular bejahende: Einige S sind nicht P = einige non P sind S; oder, in hypothetischer Form: Zuweilen, wenn A ist, ist B nicht = einigemal, wenn B nicht ist, ist A. Von dem partikular bejahenden Urteil gilt dasselbe, was am Ende des vorigen § gesagt wurde.

§ 83.

Von den unmittelbaren Folgerungen finden bei Aristoteles nur die Konversion und die modale Konsequenz ihre teilweise Erörterung. Die Terminologie der formalen Logik findet sich zuerst ausführlicher bei Boëtius. Im Gegensatz zu Wolff, welcher die Lehre von den unmittelbaren Schlüssen nach der Lehre von den eigentlichen Schlüssen behandelt und dieselben für verkürzte hypothetische Syllogismen erklärt, unterscheidet Kant Verstandesschlüsse, Vernunftschlüsse und Schlüsse der Urteilskraft; unter den Verstandesschlüssen aber sind die in Rede stehenden Folgerungen begriffen. „Dieselben gehen durch alle Klassen der logischen Funktionen des Urteilens, und sind folglich in ihren Hauptarten bestimmt durch die Momente der Quantität, Qualität, Relation und Modalität." Auf der Quantität beruht die Subalternation, auf der Qualität die Opposition, auf der Relation die Konversion, auf der Modalität die Kontraposition; Hartenst. VIII, 112 ff. Auf Kant fufsen die meisten spätern Logiker. Lotze behandelt die unmittelbaren Folgerungen in einem der Lehre vom Urteil zugefügten Anhange; seiner Meinung nach gehören dieselben eigentlich ins Gebiet der angewandten Logik. Unsere in § 75 gegebene Erklärung beruht auf den richtigen Ansichten Mills. Umformungen eines Urteils, welche sich blofs auf den sprachlichen Ausdruck beziehen, können für die Erkenntnis der objektiven Wahrheit von nur geringem Werte sein. So richtig deshalb die unmittelbaren Schlüsse auch sein mögen, — ihre Bedeutung liegt mehr in der Übung, zu der sie das abstrakte Denken nötigen, als in der Vermittlung der Übereinstimmung zwischen Denken und Sein

III. Teil. Der Schluss.

XIV. Kapitel.
Definition, Bedeutung und Einteilung des Schlusses.

§ 84.

Der Schluſs ist die Verknüpfung zweier Urteile zur Erzeugung eines dritten, das in keinem von jenen beiden bereits enthalten war. Die beiden Urteile, aus denen das neue Urteil gefolgert wird, heiſsen die Prämissen. Diese haben einen gemeinschaftlichen Bestandteil, nämlich den Mittelbegriff oder Mittelsatz. Diejenige Prämisse, welche das Subjekt des Schluſssatzes enthält, heiſst Untersatz, während die das Prädikat des Schluſssatzes enthaltende Obersatz genannt wird. So bildet in dem Schlusse: Gott ist ein Geist; — Der Geist ist unsichtbar; — also: Gott ist unsichtbar, die Prämisse: Gott ist ein Geist den Untersatz, die andre: Der Geist ist unsichtbar den Obersatz; ebenso enthält diese das Prädikat, jene das Subjekt des Schluſssatzes. Die Bestandteile des Schlusses überhaupt nennt man die Elemente desselben. Diejenigen Schluſsweisen, welche auf den verschiedenen Kombinationsformen der Prämissen mit Rücksicht auf deren Quantität und Qualität beruhen, heiſsen Schluſsmodi.

§ 85.

Plato versteht unter schlieſsen, συλλογίζεσθαι, vorwiegend das Auffinden des Allgemeinen aus dem Besondern. Aristoteles definiert: συλλογισμὸς δέ ἐστι λόγος, ἐν ᾧ τεθέντων τινῶν ἕτερόν τι τῶν κειμένων ἐξ ἀνάγκης συμβαίνει τῷ ταῦτα εἶναι. Darüber, daſs bei Aristoteles der eigentliche Schluſs vom Allgemeinen auf das Besondere geht, vergleiche § 7. Wolff sagt: „Ratiotinatio est operatio mentis, qua ex duabus propositionibus terminum communem habentibus formatur tertia, combinando terminos in utraque diversos."

Kant lehrt: „Ein Vernunftschluſs (im Gegensatz zum Verstandesschlusse) ist das Erkenntnis der Notwendigkeit eines Satzes durch die Subsumption seiner Bedingung unter eine gegebene allgemeine Regel;" Hartenst. VIII, 116. Nach Hegel ist der Schluſs die Einheit des Begriffs und des Urteils. „Der Schluſs ist der Begriff als die einfache Identität, in welche die Formunterschiede des Urteils zurückgegangen sind, und Urteil, insofern er zugleich in Realität, nämlich in dem Unterschiede seiner Bestimmungen gesetzt ist. Der Schluſs ist das Vernünftige und alles Vernünftige;" Encyklop. § 181. Vergleiche hierzu Kuno Fischer, § 156: „Der Schluſs ist das vermittelte Urteil. In ihm wird die Einheit zwischen Subjekt und Prädikat nicht als unmittelbare Einheit gedacht, wie im bloſsen Urteil, sondern als vermittelte: sie ist vermittelt durch einen dritten Begriff, den Mittelbegriff, durch dessen Eintritt die Urteilsform in die Schluſsform verwandelt wird. Daſs dieser Begriff es ist, der den Schluſs vom Urteil unterscheidet und zu dem macht, was er ist, hat Aristoteles richtig gesehen und mit dieser Einsicht die Syllogistik als Wissenschaft begründet." Nach Schleiermacher ist der Schluſs die Herleitung eines Urteils aus einem andern vermittelst eines Mittelsatzes; confr. § 87.

§ 86.

Nach dem Satze vom Grunde (§ 69) müssen Realgrund und Erkenntnisgrund sich decken; dasjenige, was die Gewiſsheit der Gültigkeit des Urteils im Denken erzeugt, ist zugleich dasjenige, was den Inhalt der Aussage objektiv begründet. Eben hierin liegt auch der Grund, welcher dem Schlusse die Bedeutung eines wirklichen Erkenntnismittels vindiziert. Da nämlich im Schlusse der Mittelbegriff (§ 84) den Erkenntnisgrund für die Wahrheit des Schluſssatzes enthält, so muſs auch derselbe Begriff den Realgrund für die Wahrheit desselben enthalten. In dem bereits angeführten Schlusse: Gott ist ein Geist; — der Geist ist unsichtbar; — also: Gott ist unsichtbar, enthält der Mittel-

begriff den Erkenntnisgrund für die Wahrheit des Schlufssatzes: Gott ist unsichtbar. Derselbe Begriff enthält aber
auch den Realgrund für die Unsichtbarkeit des Geistes, insofern dies Prädikat dem Geiste als in dessen Wesen
begründet beigelegt wird; indem sich dieser Realgrund
nun auch auf den Schlufssatz bezieht, wird von dem Subjekte
des Untersatzes das Prädikat des Obersatzes derart ausgesagt,
dafs die Notwendigkeit und objektive Gültigkeit
dieser Aussage durch den Realgrund des Mittel-
begriffs vermittelt ist. Demnach hat der Schlufs nicht
blofs dialektischen Wert für die Überlieferung der schon
bestehenden Erkenntnis, es handelt sich nicht um ein
blofses Kombinationsspiel mit Begriffen; — vielmehr liegt
die Sache so, dafs der Schlufs als gleichberechtigter Erkennt-
nisfaktor neben den Begriff und das Urteil tritt. Dafs wir
hierbei nur den vollkommenen Schlufs, dessen Wesen
aus den nachfolgenden §§ näher erkannt werden wird, im
Auge haben, liegt in der Natur der Sache.

§ 87.

Nach Aristoteles soll der Mittelbegriff den realen
Grund enthalten: τὸ μὲν γὰρ αἴτιον τὸ μέσον. Ist das der
Fall, dann ist die reale Ursache gefunden und mit dieser auch
die Gewifsheit objektiv wahrer Erkenntnis vorhanden. Wenn
Drobisch behauptet, Aristoteles wolle nach dem angeführten Satze das Reale auf ein Formales zurückführen, so
widerspricht das durchaus dem Geiste der aristotelischen Philosophie. Hiernach mufs sich das Denken nach dem
Sein richten; mithin wird das Formale durch das Reale
bestimmt; confr. Poetter § 57. Das Gegenteil ist bei
Kant der Fall; denn hier ist das Denken überhaupt nicht
imstande in das Wesen der Dinge einzudringen. Eben deshalb soll sich die Erscheinungswelt derart nach den Erkenntnisformen richten, dafs sie als völlig von denselben abhängig
erscheint; confr. § 52. Dafs unter diesen Umständen das
Ding an sich die Erkenntnis durchaus illusorisch macht, liegt
auf der Hand; Poetter, der pers. Gott und die Welt 3 ff.

16 ff. Baco verwirft den Schluſs als Mittel der Erkenntnis zwar nicht vollständig, will ihn aber doch nur auf leichtere Disciplinen angewandt wissen. Ebenso hat bei Locke der Schluſs der Induktion gegenüber nur untergeordneten Wert. Während in der Philosophie des Kartesius (§ 10) die Intuition dem Syllogismus alle Berechtigung abspricht, nennt Leibnitz die Erfindung desselben „eine der schönsten und beherzigenswertesten des menschlichen Verstandes." Der Ansicht Kants, wonach der Schluſs nur imstande ist, die bereits vorhandene Erkenntnis näher zu verdeutlichen, huldigen auch Herbart und Beneke. Hegel sagt: „Der Schluſs ist der wesentliche Grund alles Wahren; die Definition des Absoluten ist, daſs es der Schluſs ist, oder: Alles ist ein Schluſs." Es wird indes unterschieden zwischen dem Schluſs der Allheit und dem der Notwendigkeit; jener verweist auf den Schluſs der Induktion, welcher voraussetzt, daſs die Erfahrung auf einem gewissen Gebiete vollendet sei, was indes unmöglich ist; — dieser hat das Allgemeine zur Mitte; Encyklop. § 191. Schleiermacher hält dafür, daſs durch den Schluſs ein Fortschritt im Denken nicht erwirkt werde: „Im Schluſssatze ist nichts ausgedrückt, als das Verhältnis zweier Sätze zu einander, die ein Glied mit einander gemein haben, also gar nicht auſsereinander sind, sondern in einander." Trendelenburg schlieſst sich im wesentlichen an Aristoteles an: „Soll denn der Schluſs nichts, als eine subjektive Funktion und ohne reales Gegenbild bleiben? Davor bewahrt uns die ganze Ableitung. Der Inhalt, das Gesetz des Umfangs darstellend, enthält die Möglichkeit des Schlusses, und darin ist zugleich sein objektiver Wert angedeutet. Dem genetisch Allgemeinen, das auf einer ursprünglichen Gemeinschaft des Denkens und Seins gegründet ist, entspricht das quantitativ Allgemeine. Der notwendige Grund kleidet sich daher in den Ausdruck einer allgemeinen Thatsache und wird in dieser Gestalt der Mittelbegriff eines objektiven Schlusses. **Was im Realen der Grund ist, das ist im Logischen der Mittelbegriff des Schlusses;"** II, 280, Lotze urteilt: „Die Aristotelischen Syllogismen sind ungeachtet der reichen Verzweigung, die ihnen und ihren möglichen Verschiedenheiten der Scharfsinn der früheren Logiker gegeben hat, doch nur der formell erweiterte und ausführliche Ausdruck der logischen Wahrheit, die in dem disjunktiven Urteil bereits niedergelegt war;" Logik, 121. Sigwart vindiziert den Syllogismen nur dann eine höhere Bedeutung, „wenn sie entweder, wie bei Aristoteles, in den Dienst der Begriffsbildung gestellt, oder, wenn ihre Obersätze nicht blofse Begriffsurteile, sondern synthetische Sätze im kantischen Sinne sind;" I, 400 ff.

§ 88.

In unserer nachfolgenden Darstellung haben wir uns zunächst mit dem **einfachen** und sodann mit dem **zusammengesetzten Schlusse** zu beschäftigen; bei jenem dienen **zwei** Urteile, bei diesem **mehrere** zur Begründung des Schlufssatzes. Von der Einteilung der Syllogismen sagt Kant: „Die Vernunftschlüsse können weder der **Quantität** nach eingeteilt werden; — denn jeder major (d. h. Obersatz) ist eine Regel, mithin etwas Allgemeines; — noch in Ansehung der **Qualität**; — denn es ist gleichgeltend, ob die Konklusion bejahend oder verneinend ist; — noch endlich in Rücksicht auf die **Modalität**; — denn die Konklusion ist immer mit dem Bewufstsein der Notwendigkeit begleitet und hat folglich die Dignität eines apodiktischen Satzes. — Also bleibt allein nur die **Relation** als einzig möglicher Einteilungsgrund übrig;" Hartenst. VIII, 118. Hierbei ist indes zu beachten, dafs die Prämissen eines Schlufssatzes verschiedene Modalität haben können und dafs mithin auch diese Kategorie näher berücksichtigt sein will. Wir betrachten demnach:

I. **Den einfachen kategorischen Schlufs.**
II. **Den hypothetischen Schlufs.**
III. **Den disjunktiven Schlufs.**
IV. **Die Modalität des Schlusses.**
V. **Den zusammengesetzten Schlufs.**

Nach diesen Erörterungen wird sodann das Wesen der **Induktion** und **des Beweises** näher darzulegen sein.

XV. Kapitel.

Der einfache kategorische Schluss.

§ 89.

In dem einfachen kategorischen Schlusse sind die Elemente sämtlich kategorisch. Dem in § 84 Dargestellten entsprechend bildet von den drei Hauptbegriffen derjenige, welcher Subjekt im Schlufssatze ist, den **Unterbegriff**, derjenige, welcher Prädikat im Schlufssatze ist, den **Oberbegriff**. Der den Schlufs vermittelnde gemeinsame Bestandteil heifst **Mittelbegriff**, τὸ μέσον.

§ 90.

Die Einteilung der in Rede stehenden Schlüsse ergiebt zunächst **drei Schlufsfiguren**, σχήματα. Diese Einteilung beruht darauf, dafs der **Mittelbegriff in der einen Prämisse Subjekt, in der andern Prädikat, oder in beiden Prämissen Prädikat, oder auch in beiden Subjekt sein kann.**

Nennen wir den Mittelbegriff M und die beiden andern Begriffe (den terminus minor und major) A und B, dann ergiebt sich folgendes Schema:

$$\text{I,} \quad \begin{matrix} M & A \\ B & M \end{matrix} \qquad \text{II,} \quad \begin{matrix} A & M \\ B & M \end{matrix} \qquad \text{III,} \quad \begin{matrix} M & A \\ M & B \end{matrix}$$

Als Beispiele mögen folgende Schlüsse dienen:

1. Jede Tugend ist löblich; die Beredsamkeit ist eine Tugend; also ist die Beredsamkeit löblich.

2. Kein Laster ist löblich; die Beredsamkeit ist löblich; also ist die Beredsamkeit kein Laster.

3. Jede Tugend ist löblich; jede Tugend ist nützlich; also ist einiges Nützliche löblich. Vgl. Rosenkranz, Logik.

Nun zerfällt aber die erste Schlufsfigur wiederum in zwei Abteilungen, was darin seinen Grund hat, dafs der terminus minor und major genauer berücksichtigt wird. Entweder nämlich ist der Mittelbegriff das Subjekt zum terminus major und das Prädikat zum minor, oder das Prädikat zum major und das Subjekt zum minor. Letzteres ist der Fall in dem sub 1) angeführten Beispiele; ersteres dagegen in dem Schlusse: 4. Jede Tugend ist löblich; jedes Löbliche ist nützlich; also ist einiges Nützliche eine Tugend. Man unterscheidet demnach im ganzen vier Schlufsfiguren, von denen die erste die erste Abteilung der ersten Figur und die letzte die zweite Abteilung der ersten Figur bildet. S sei der minor, P der major; dann ergeben sich die Formen:

$$
\text{I,} \quad \frac{\begin{array}{c} M\ P \\ S\ M \end{array}}{S\ P} \qquad \text{II,} \quad \frac{\begin{array}{c} P\ M \\ S\ M \end{array}}{S\ P} \qquad \text{III,} \quad \frac{\begin{array}{c} M\ P \\ M\ S \end{array}}{S\ P} \qquad \text{IV,} \quad \frac{\begin{array}{c} P\ M \\ M\ S \end{array}}{S\ P.}
$$

§ 91.

Aristoteles kennt drei Schlufsfiguren, von denen seiner Meinung nach nur die erste den Anspruch auf Vollkommenheit machen kann, weil bei ihr das Haupterfordernis nämlich die Übereinstimmung des Erkenntnisgrundes mit dem Realgrunde zutrifft. Aristoteles hat also die erste Figur nicht in die beiden so eben angeführten Unterabteilungen zerlegt. Von der Hinzufügung der vierten Figur durch Cl. Galenus sagt Trendelenburg: „Galenus non addidit, ut vulgo putant, quartam tribus prioribus, sed tres Aristotelis in quatuor novas convertit; nituntur enim plane alio dividendi fundamento." Dieses verschiedene Einteilungsprincip soll darin begründet sein, dafs Aristoteles die Folge der Prämissen frei läfst, während diese nach der neueren Ansicht gebunden wird, indem man den Begriff, der im Schlufssatze Subjekt wird, immer in den Untersatz verweist. An der weiteren Ausbildung der Lehre vom Schlusse haben besonders **Theophrast** und **Eudemus** gearbeitet. Die Scholastik des Mittelalters verfolgt dieselbe mit grofser Vorliebe. **Wolff** behandelt nur die drei ersten Figuren, von denen er die erste als figura perfecta, die beiden andern als figurae imperfectae bezeichnet. **Kant** behauptet in seiner Schrift: „Die falsche Spitzfindigkeit der vier syllogistischen Figuren," nur in der ersten Figur seien reine Vernunftschlüsse möglich, in den drei übrigen dagegen nur vermischte. „Es ist unstreitig, dafs alle Figuren, die erste ausgenommen, nur durch einen Umschweif und eingemengte Zwischenschlüsse die Folge bestimmen, und dafs eben derselbe Schlufssatz aus dem nämlichen Mittelbegriffe in der ersten Figur rein und unvermengt abfolgen würde." Dagegen bemerkt Ueberweg, dafs es sich mit den Schlüssen ähnlich verhält, wie mit der Astronomie: Es ist Sache des Astronomen, seine Rechnung für alle vorkommenden Fälle einzurichten; die Himmelskörper haben eben nicht die Gefälligkeit, nur in einfachen Kreisen zu laufen. Hegel und Herbart verwerfen die Schlufsweisen der vierten Figur. Von ersterem sagt Kuno Fischer: „So hat die hegelsche Logik in ihrer Entwicklung der Schlufsfiguren nicht weniger als alle syllogistischen Möglichkeiten beiseite gesetzt." Jedenfalls setzt eine wissenschaftliche Kritik der einzelnen Schlufsmodi die vollständige Entwicklung der möglichen Formen des Schliefsens voraus.

§ 92.

Um die gültigen Schlufsmodi kennen zu lernen, scheiden wir zunächst diejenigen Kombinationen aus, welche zu keinen gültigen Schlüssen führen. Dahin gehört zunächst der Satz: „Ex mere negativis nihil sequitur;" blofs verneinende Prämissen ergeben keinen gültigen Schlufs. Hierbei können die beiden Prämissen allgemein verneinend sein; dann ist der Mittelbegriff von dem Ober- und Unterbegriff völlig getrennt, während er doch im wirklichen Schlusse das beiden Gemeinsame enthalten mufs. Oder, die eine Prämisse ist allgemein, die andere partikular verneinend; dann ist der Mittelbegriff von dem einen der übrigen Begriffe ganz, von dem andern teilweise getrennt. Da nun die partikulare Verneinung keineswegs die partikulare Bejahung einschliefst, so macht die obwaltende Unbestimmtheit die Gültigkeit des Schlusses unmöglich. Sind beide Prämissen partikular verneinend, dann wird die Unbestimmtheit und damit die Unmöglichkeit des Schlusses nur noch vergröfsert.

§ 93.

Ferner gehört hierher der Satz: „Ex mere particularibus nihil sequitur;" aus zwei partikularen Prämissen läfst sich kein gültiger Schlufs ziehn. Auch hier sind drei Fälle zu unterscheiden: Entweder nämlich sind beide Prämissen partikular bejahend, oder beide sind partikular verneinend, oder aber die eine ist partikular bejahend und die andre partikular verneinend. Im ersten Falle bleibt es völlig unbestimmt, inwiefern der Mittelbegriff mit den beiden übrigen Terminis verknüpft ist; im dritten bleibt es ebenso unbestimmt, inwieweit der eine Terminus mit dem Mittelbegriff verbunden, der andre aber von demselben getrennt ist; im zweiten folgt die Unmöglichkeit der Schlufsbildung aus § 92.

§ 94.

Endlich ist als allgemeine Regel festzuhalten, **dafs die Verbindung eines partikularen Obersatzes mit einem verneinenden Untersatze zu keinem gültigen Schlusse führt.** Hier kann der Obersatz partikular bejahend, der Untersatz allgemein verneinend sein; dann ist der Mittelbegriff mit der Sphäre des einen Terminus teilweise verknüpft, **von der Sphäre des andern Terminus dagegen vollständig ausgeschlossen.** Oder der Obersatz ist partikular verneinend; dann folgt die Unmöglichkeit des Schlusses aus dem Satze: Ex mere negativis nihil sequitur. Oder endlich, der Untersatz ist partikular verneinend; dann kommt der Satz zur Anwendung: Ex mere particularibus nihil sequitur. Es ist natürlich, dafs die s. g. **Fehl- und Trugschlüsse** mit den unmöglichen Schlüssen wesentlich auf gleicher Linie stehn. Hier ist besonders die **quaternio terminorum** zu beachten, welche darin besteht, dafs ein und derselbe Begriff, besonders der Mittelbegriff, **mehrdeutig** ist; dann liegt dem Schlusse in versteckter Weise **eine Vierzahl von Hauptbegriffen** zu Grunde: Der Mensch darf Gottes Wort nicht antasten; der Bibeltext enthält Gottes Wort; also darf der Mensch den Bibeltext nicht antasten.

§ 95.

Die in den letzten drei §§ gegebenen allgemeinen Regeln sind bei der Gültigkeitsprüfung eines jeden Schlufsmodus festzuhalten. Fassen wir nun zunächst **die erste Figur** näher ins Auge, dann ergeben sich vier gültige Schlufsmodi mit folgenden Namen: 1. **Barbara**; 2. **Celarent**; 3. **Darii**; 4. **Ferio**. Hierbei erinnern wir uns zunächst an diejenigen Urteilsformen, welche sich aus der Verbindung der Quantität und Qualität der Urteile ergaben; confr. § 57. Es waren allgemein bejahende, allgemein verneinende, partikular bejahende und partikular verneinende Urteile, welche der Reihe nach durch die Buchstaben **a, e, i, o** bezeichnet wurden. In den angeführten Namen bilden die Anfangsbuchstaben die ersten Konsonanten des Alphabets und bezeichnen die Reihenfolge der Schlufsmodi; die in denselben vorkommenden Vokale geben die Art der Elemente an, aus denen der Schlufs besteht. Demnach sind **im ersten Modus** Obersatz, Untersatz und Schlufssatz allgemein bejahend; **im zweiten** ist der Obersatz allgemein verneinend, der Untersatz allgemein bejahend, der Schlufssatz allgemein verneinend; **im dritten** ist der Obersatz allgemein, der Untersatz partikular, der Schlufssatz ebenfalls partikular bejahend; **im vierten** endlich ergiebt die allgemeine Verneinung in Verbindung mit der partikularen Bejahung die partikulare Verneinung.

§ 96.

Folgende Schemata verdeutlichen die im vorigen § angeführten Schlufsmodi **der ersten Figur**:

$$\text{Barbara} = \frac{\begin{array}{c} M\ a\ P \\ S\ a\ M \end{array}}{S\ a\ P.} \qquad \text{Darii} = \frac{\begin{array}{c} M\ a\ P \\ S\ i\ M \end{array}}{S\ i\ P.}$$

$$\text{Celarent} = \frac{\begin{array}{c} M\ e\ P \\ S\ a\ M \end{array}}{S\ e\ P.} \qquad \text{Ferio} = \frac{\begin{array}{c} M\ e\ P \\ S\ i\ M \end{array}}{S\ o\ P.}$$

Die Form **Barbara** findet ihre Anwendung fast in allen mathematischen Beweisen. Hierfür mögen folgende Beispiele angeführt werden; Ueberweg, § 110. (Überhaupt sind die meisten der in den folgenden §§ angeführten Beispiele der Ueberwegschen Logik entnommen).

1. Diejenigen Dreiecke, in welche das rechtwinklige durch das Lot aus der Spitze des rechten Winkels auf die Hypotenuse zerlegt wird, sind Dreiecke mit beziehlich gleichen Winkeln; alle Dreiecke mit beziehlich gleichen Winkeln sind einander ähnliche Figuren; folglich etc.

2. Alle Dreiecke mit beziehlich gleichen Seitenverhältnissen sind Dreiecke mit beziehlich gleichen Winkeln; alle Dreiecke mit beziehlich gleichen Winkeln sind einander ähnliche Figuren; folglich etc.

3. Diejenigen Dreiecke, in welche das rechtwinklige durch das Lot aus der Spitze des rechten Winkels auf die Hypotenuse zerlegt wird, sind Dreiecke mit beziehlich gleichen Winkeln; alle Dreiecke mit beziehlich gleichen Winkeln sind einander ähnliche Dreiecke; folglich etc.

4. Alle Dreiecke mit beziehlich gleichen Seitenverhältnissen sind Dreiecke mit beziehlich gleichen Winkeln; alle Dreiecke mit beziehlich gleichen Winkeln sind einander ähnliche Dreiecke; folglich etc.

Celarent verdeutlichen die Beispiele: 1. Zwei nicht zusammenfallende gerade Linien haben nur einen Punkt gemeinschaftlich; AB und CD sind solche Linien; also haben sie nur einen Punkt gemeinschaftlich. 2. Keine Erkenntnisform, die einer Existenzform entspricht, ist von blofs dialektischem Werte; der Schlufs ist eine Erkenntnisform, die der Existenzform des realen Geschehens entspricht, also ist der Schlufs von nicht blofs dialektischem Werte.

Der Wert des Darii ist durch die Unbestimmtheit, welche er unter allen Umständen zurückläfst, ein beschränkter: Alle Quadrate sind geradlinige ebene Figuren; einige Parallelogramme sind Quadrate; folglich sind einige Parallelogramme geradlinige ebene Figuren. Obschon alle Parallelogramme dergleichen Figuren sind, kann hier doch ein Mehreres nicht erschlossen werden.

Das zuletzt Bemerkte gilt auch von Ferio: Keine

menschliche Schwachheit kann der Gottheit anhaften; einiges von dem, was die Mythologie der Gottheit andichtet, ist menschliche Schwachheit; also kann einiges von dem, was die Mythologie der Gottheit andichtet, ihr nicht anhaften.

§ 97.

Die gültigen Modi der zweiten Figur führen die Namen: 1. Cesare; 2. Camestres; 3. Festino; Baroco. Hierbei deuten die Anfangsbuchstaben auf diejenigen Modi der ersten Figur hin, auf welche die aristotelische Scholastik dieselben zum Beweise der Gültigkeit zu reduzieren pflegte. Hier ist also im ersten Modus der Obersatz allgemein verneinend, der Untersatz allgemein bejahend, der Schlufssatz allgemein verneinend; im zweiten der Obersatz allgemein bejahend, der Untersatz allgemein verneinend, der Schlufssatz allgemein verneinend; im dritten der Obersatz allgemein verneinend, der Untersatz partikular bejahend, der Schlufssatz partikular verneinend; im vierten der Obersatz allgemein bejahend, der Untersatz partikular verneinend, der Schlufssatz partikular verneinend.

§ 98.

Die Schemata zur zweiten Figur sind folgende:

$$\text{Cesare} = \frac{P \ e \ M}{\dfrac{S \ a \ M}{S \ e \ P.}} \qquad \text{Festino} = \frac{P \ e \ M}{\dfrac{S \ i \ M}{S \ o \ P}}$$

$$\text{Camestres} = \frac{P \ a \ M}{\dfrac{S \ e \ M}{S \ e \ P.}} \qquad \text{Baroco} = \frac{P \ a \ M}{\dfrac{S \ o \ M}{S \ o \ P.}}$$

Als Beispiele mögen dienen ad 1: Die Affekte beruhen nicht auf Vorsatz; die Tugenden aber beruhen auf Vorsatz; also sind die Tugenden nicht Affekte. Jede Wesenserkenntnis ist affirmativ; kein Schlufssatz in der zweiten Figur ist affirmativ; also ist kein Schlufssatz in dieser Figur eine Wesenserkenntnis. Ad 2: Die Gesamtzahl der zu unserm Sonnensystem gehörenden Weltkörper mufs die Bahn des Uranus vollständig bestimmen; die bekannten Weltkörper unseres Sonnensystems bestimmen die Bahn des Uranus nicht vollständig; folglich bilden dieselben nicht die Gesamtzahl der Weltkörper, ein Schluſs, welcher sich durch die Entdeckung des Neptun bewahrheitet hat. Die δυνάμεις sind Naturgaben; die Tugenden sind nicht Naturgaben; also sind die Tugenden nicht δυνάμεις. Ad 3: Die Bethätigung einer blinden Kausalität in der Natur führt nicht zu kunstvoll gegliederten und sich selbst reproduzierenden Organismen; einige Naturprozesse führen zu dergleichen Organismen; also sind einige Naturprozesse nicht die Bethätigung einer zwecklosen Kausalität. Ad 4: Alle moralisch Gesinnten thun das Rechte in der rechten Gesinnung; einige, die legal handeln, thun nicht das Rechte in der rechten Gesinnung; also sind einige, die legal handeln, nicht moralisch gesinnt.

Was die Reduktion der Modi der zweiten (dritten und vierten) Figur auf diejenigen der ersten Figur anbetrifft, so wird z. B. in Cesare durch einfache Umkehrung der Obersatz PeM umgewandelt in MeP und entspricht dann der Figur Celarent: Was auf Vorsatz beruht, ist kein Affekt; die Tugenden beruhen auf Vorsatz; also sind die Tugenden nicht Affekte. Ausführlicheres siehe bei Ueberweg, § 113 ff.

§ 99.

Die gültigen Modi der dritten Figur heiſsen 1. Darapti; 2. Felapton; 3. Disamis; 4. Datisi; 5. Bocardo; 6. Ferison. Hierbei bezeichnen die Konsonanten am Anfange wiederum die Reduktion auf die Modi der ersten Figur. Wir geben zur Verdeutlichung dieser Namen sofort die Schemata und Beispiele, aus denen sich der Charakter der einzelnen Schluſselemente leicht wird bestimmen lassen:

$$\text{Darapti} = \frac{\text{M a P}}{\frac{\text{M a S}}{\text{S i P.}}} \qquad \text{Datisi} = \frac{\text{M a P}}{\frac{\text{M i S}}{\text{S i P.}}}$$

$$\text{Felapton} = \frac{\text{M e P}}{\frac{\text{M a S}}{\text{S o P.}}} \qquad \text{Bocardo} = \frac{\text{M o P}}{\frac{\text{M a S}}{\text{S o P.}}}$$

$$\text{Disamis} = \frac{\text{M i P}}{\frac{\text{M a S}}{\text{S i P.}}} \qquad \text{Ferison} = \frac{\text{M e P}}{\frac{\text{M i S}}{\text{S o P.}}}$$

Beispiele ad 1: Alle Wale sind Säugetiere; alle Wale sind Wassertiere; also sind einige Wassertiere Säugetiere. Ad 2: Der Krieg ist für ein Volk mit vielen Schrecknissen verbunden; der Krieg ist einigen sehr erwünscht; einiges, was mit vielen Schrecknissen verbunden ist, ist einigen sehr erwünscht. Ad 3: Einige Präpositionen der lateinischen Sprache regieren den Accusativ; alle lateinischen Präpositionen sind Wörter der lateinischen Sprache; also regieren einige Wörter der lateinischen Sprache den Accusativ. Ad 4: Alle Fische können schwimmen; einige Fische können fliegen; also kann einiges, was fliegen kann, schwimmen. Ad 5: Einige Tiere haben keine Lungen; alle Tiere atmen; also einiges, was atmet, hat keine Lungen. Ad 6: Kein philosophisches System enthält die volle Wahrheit; einige philosophische Systeme glauben die volle Wahrheit zu besitzen; also besitzen einige Philosophen, welche die volle Wahrheit erkannt zu haben glauben, dieselbe nicht.

§ 100.

Die gültigen Modi der vierten Figur sind: 1. Bamalip; 2. Calemes; 3. Dimatis; 4. Fesapo; 5. Fresison. Ihre Schemata gestalten sich folgendermafsen:

$$\text{Bamalip} = \frac{P\ a\ M}{\frac{M\ a\ S}{S\ i\ P.}} \qquad \text{Dimatis} = \frac{P\ i\ M}{\frac{M\ a\ S}{S\ i\ P.}}$$

$$\text{Calemes} = \frac{P\ a\ M}{\frac{M\ e\ S}{S\ e\ P.}} \qquad \text{Fesapo} = \frac{P\ e\ M}{\frac{M\ a\ S}{S\ o\ P.}}$$

$$\text{Fresison} = \frac{P\ e\ M}{\frac{M\ i\ S}{S\ o\ P.}}$$

Da in den drei ersten dieser Schlufsmodi jeder der äufsern Termini sowohl die Stelle des Subjekts, als auch des Prädikats einnehmen kann, so können die Beispiele der Modi Barbara, Celarent und Darii auch hier dienen. Fesapo erläutert das Beispiel: Keiner von denjenigen Schlüssen, welche nach Aristoteles zur ersten Schlufsfigur gehören, ist ein

Schluſs von der Form Fesapo; jeder Schluſs von der Form Fesapo ist ein Schluſs der vierten Figur; also fallen einige Schlüsse der vierten Figur nicht unter die von Aristoteles aufgestellte Definition der ersten Figur. **Fresison** wird verdeutlicht durch: Keiner von denjenigen Schlüssen, welche unter die aristotelische Definition der ersten Figur fallen, hat eine verneinende Prämisse, worin der Mittelbegriff Prädikat ist; einige Schlüsse mit einer verneinenden Prämisse, worin der Mittelbegriff Prädikat ist, sind Schlüsse der vierten Figur; also fallen einige Schlüsse der vierten Figur nicht unter die aristotelische Definition der ersten.

§ 101.

Die in den §§ 95—100 angeführten Schluſsmodi sind natürlich in Bezug auf den Wert, den sie für die Erkenntnis der Wahrheit liefern, sehr verschieden. Aristoteles sagt, allgemeines folge nur aus allgemeinem, darin liegt die Wahrheit, daſs **die allgemein bejahenden und die allgemein verneinenden Schluſssätze die wichtigsten sind**. Jene befördern unsere Erkenntnis in positiver Weise; diese führen zwar nur zu einem negativen, **aber doch bestimmten Resultate**. Das ist nicht der Fall bei den **partikular bejahenden und verneinenden Schluſssätzen**; denn diese sind nicht imstande, uns in Beziehung auf das Einzelne Gewiſsheit zu verschaffen. Die Bedeutung der zuletzt genannten Sätze besteht hauptsächlich darin, daſs sie fälschlich für wahr gehaltene allgemein bejahende oder verneinende Urteile dadurch, daſs sie mit denselben in kontradiktorischen Gegensatz treten, als unwahr erweisen. Die nacharistotelische Logik stellt den Satz auf: conclusio sequitur partem debiliorem.*)

---

*) Barbare, Celarent primae, Darii Ferioque,
Cesare, camestres, Festino, Baroco secundae.
Tertia grande sonans recitat Darapti, Felapton
Disamis, Datisi, Bocardo, Ferison. Quartae
Sunt Bamalip, Calemes, Dimatis, Fesapo, Fresison.

XVI. Kapitel.

Der hypothetische Schluss.

§ 102.

Diejenigen Schlufsweisen, welche bei den kategorischen Urteilen vorkommen, wiederholen sich sämtlich bei den hypothetischen. Der reine hypothetische Schlufs hat die Form:

> Wenn A gilt, so gilt M,
> Wenn M gilt, so gilt X;
> Also: Wenn A gilt, so gilt X.

> Wenn A gilt, so gilt M,
> Wenn B gilt, so gilt M nicht;
> Also: Wenn A gilt, so gilt B nicht,
> Wenn B gilt, so gilt A nicht;

denn Voraussetzungen mit widersprechenden Folgen heben sich gegenseitig auf.

> Wenn A gilt, so gilt M,
> Wenn A nicht gilt, so gilt B;
> Also: Wenn B nicht gilt, so gilt M,
> Wenn M nicht gilt, so gilt B;

denn die Folge der Bejahung und die Folge der Verneinung schliefsen sich gegenseitig aus. Wir können es füglich unterlassen, die Analogie der einfachen hypothetischen Schlüsse mit den kategorischen Schlufsfiguren näher nachzuweisen, weil die Sache an sich klar ist; confr. § 73.

§ 103.

Der gemischte hypothetische Schlufs wird verdeutlicht durch das Schema:

> A gilt
> Wenn A gilt, so gilt X;
> Also: X gilt.

Oder in anderer Form:

> Wenn A gilt, so gilt X,
> A gilt;
> Also: X gilt.

Indem hier eine kategorische Prämisse mit einer hypothetischen verbunden ist, von denen erstere die Wirklichkeit der Bedingung behauptet, entsteht ein Schluſs, welcher der ersten Figur der kategorischen Schlüsse entspricht. Wird dagegen durch die kategorische Prämisse die Wirklichkeit der Bedingung verneint, dann entsteht ein der zweiten Form der kategorischen Schlüsse entsprechender Schluſs:

Wenn A gilt, so gilt X,
X gilt nicht;
Also: A gilt nicht.

Man nennt die erstere Form den **Modus ponens**, die letztere den **Modus tollens**. Für ersteren lautet die Formel: Posita conditione ponatur conditionatum; für letzteren: Sublato conditionato tollatur conditio. — Lautet der Untersatz in dem zuletzt angeführten Schema: X gilt bisweilen, bisweilen nicht, dann entsprechen diese Schluſsweisen den Formen **Darii** und **Ferio** der ersten Figur. Wird das der Form **Camestres** entsprechende Schema des Modus tollens folgendermaſsen umgewandelt:

Wenn A gilt, so gilt nicht X
A gilt;
Also: X gilt nicht,

dann entspricht diese Form der Form **Cesare**. Ebenso lassen sich leicht die Formen **Baroco** und **Festino** bilden.

§ 104.

Aristoteles erkennt den hypothetischen Schlüssen keine wissenschaftliche Berechtigung zu. Dieselben sind hauptsächlich ausgebildet durch **Theophrast** und **Eudemus**, die **Stoiker**, **Alexander von Aphrodisias** und **Boëtius**. Die Bedeutung der hypothetischen Schlüsse besteht hauptsächlich darin, daſs der Zusammenhang zwischen dem Bedingenden und Bedingten **als ein notwendiger** erkannt wird, nicht aber darin, daſs die Wirklichkeit des Bedingenden oder Bedingten angenommen wird. Diese wesentliche Bedeutung der in Rede stehenden Schlüsse ist von **Aristoteles** noch nicht erkannt worden. Wenn **Kant** den hypothetischen

Schluſs auf die **Dependenz** zurückführt, so hat das seinen guten Grund. Wenn dagegen derselbe Philosoph sagt: „Daraus, daſs der hypothetische Schluſs nur aus zwei Sätzen besteht, ohne einen Mittelbegriff zu haben, ist zu ersehen, daſs er eigentlich kein Vernunftsschluſs sei, sondern vielmehr ein unmittelbarer," so ist dabei auſser acht gelassen, **daſs der Schluſssatz nur aus Kombination beider Prämissen folgt.** Kuno Fischer sagt: „Der Schluſs geht von dem Urteil aus und hat an diesem, wie das Urteil an dem Begriff, seine Voraussetzung. Damit geht auch die hypothetische Form in den Schluſs über, und jeder Schluſs läſst sich **in dieser Form** ausdrücken. Das Schema jedes Schlusses heiſst: Wenn die Prämissen gelten, so gilt der Schluſssatz." Hier findet sich das für das Verständnis der Kantischen Philosophie instruktive Beispiel: Wenn es Kategorien giebt, so giebt es Erkenntnis; nun giebt es Kategorien; also giebt es Erkenntnis. Sigwart beginnt die Darstellung der Lehre vom Schlusse mit dem hypothetischen Schlusse, **als der allgemeinsten Formel der Ableitung eines Urteils aus anderen.**

XVII. Kapitel.
Der disjunktive Schluss.

§ 105.

Wie bei den hypothetischen, so unterscheiden wir auch bei den disjunktiven Schlüssen reine und gemischte, oder **disjunktive Schlüsse im engeren und weiteren Sinne.** Wie das disjunktive Urteil behauptet, daſs von einer bestimmten Anzahl möglicher, aber unvereinbarer Hypothesen die eine notwendig wahr sein muſs, so folgert der disjunktive Schluſs die Gültigkeit eines bestimmten Gliedes durch Ausschluſs aller übrigen.

A ist entweder B oder C,
Nun ist A nicht B;
Also: A ist C.

Diesem **Modus ponens** entspricht der **Modus tollens:**
A ist entweder B oder C,
Nun ist A B;
Also: A ist nicht C.

Von den disjunktiven Schlüssen im weiteren Sinne sind zunächst hervorzuheben die **kategorisch-disjunktiven** und die **hypothetisch-disjunktiven.** Dergleichen Schlüsse können in allen Figuren gebildet werden. Ferner gehören hierher das **Dilemma, Trilemma, Polylemma,** d. h. Schlüsse aus einer kopulativen und disjunktiven Prämisse:
A ist entweder B oder C,
D ist weder B noch C;
Also: D ist nicht A.
A ist weder B noch C,
D ist entweder B oder C;
D ist nicht A.

Dafs auch das Trilemma unter Umständen von grofser wissenschaftlicher Tragweite sein kann, möge folgendes Beispiel erhärten: Wäre die wirklich existierende Welt nicht die beste unter allen möglichen Welten, so hätte Gott die beste entweder nicht gekannt, oder nicht hervorbringen und erhalten können, oder nicht hervorbringen und erhalten wollen; nun aber ist weder das Erste, noch das Zweite, noch das Dritte wahr; also ist die wirkliche Welt die beste unter allen möglichen Welten. Es leuchtet indes sofort ein, dafs dieses Fundament des Leibnitzschen Optimismus im Vergleich mit den vollkommnen Schlufsmodis (§ 101) sehr wankend ist. Ebenso verhält es sich mit folgendem leicht zu bildenden Schlusse: Wenn das biogenetische Naturgesetz nicht wahr wäre, dann könnten Schaf, Fledermaus, Affe, Mensch etc. auf einer bestimmten Stufe der embryonischen Entwicklung nicht gleich sein; nun aber sind dieselben auf der genannten Stufe gleich; also ist das biogenetische Naturgesetz wahr. Dergleichen Schlüsse setzen das, was bewiesen werden soll, in der That als erwiesen voraus und haben lediglich den Wert des dialektischen Scheines. Sigwart hält den Unterschied zwischen dem disjunktiven und hypothetischen Schlusse nur für einen grammatischen und erklärt demgemäfs: „Der disjunktive Schlufs beruht auf keinem eigentümlichen Princip, und es ist nicht gerechtfertigt, ihn als besondere Schlufsweise aufzustellen;" Logik, I, 416.

XVIII. Kapitel.
Die Modalität des Schlusses.
§ 106.

Was die Modalität des Schlusses anbetrifft, so ist es zunächst selbstverständlich, dafs Prämissen von gleicher Modalität ebenso dieselbe Modalität des Schlufssatzes zur Folge haben. Im übrigen gilt auch hier der Satz: conclusio sequitur partem debiliorem. Ist demnach in einem Schlufssatze der eine Terminus apodiktisch, der andre dagegen assertorisch, dann kann der Schlufssatz nur assertorisch sein; ist der eine Terminus apodiktisch oder assertorisch, der andre dagegen problematisch, dann folgt daraus der problematische Charakter des Schlufssatzes. Nehme ich das Urteil: Wenn es regnet, so wird die Erde nafs; vielleicht regnet es; also wird die Erde vielleicht nafs, dann mag dabei die reale Möglichkeit, wie wir dieselbe in § 67 und 68 entwickelt haben, immerhin vorhanden sein; aber der Realgrund richtet sich nicht nach meinem Erkenntnisgrunde. Ich kann nicht, wie bei den Urteilen der realen Möglichkeit, so auch beim Schlusse das einzelne dem Verlaufe seiner zeitlichen Bedingungen entrücken; ich mufs vielmehr warten, bis sich die Bedingungen erfüllen und bis dahin den problematischen Charakter des Schlufssatzes bestehn lassen. Während Aristoteles die Möglichkeit konstatiert, dafs unter gewissen Bedingungen aus der Kombination eines apodiktischen Urteils mit einem assertorischen ein apodiktischer Schlufssatz, oder aus der Kombination eines apodiktischen Urteils mit einem problematischen ein assertorischer Schlufssatz folge, leugnen Theophrast und Eudemus mit Recht diese Möglichkeit und huldigen dem oben angeführten Satze.

XIX. Kapitel.

Die zusammengesetzten Schlüsse.

§ 107.

Bei den zusammengesetzten Schlüssen wird der Schlußsatz aus mehr als zwei Urteilen abgeleitet. Sind die einzelnen Glieder des zusammengesetzten Schlusses vollständig ausgedrückt, dann entsteht die Schlußkette, in welcher eine Anzahl von Schlüssen derart aneinander gereiht ist, daß der Schlußsatz des einen die Prämisse des andern ausmacht:

Wenn A gilt, so gilt B,
Wenn B gilt, so gilt C,
Wenn C gilt, so gilt D,
Also: Wenn A gilt, so gilt D,
Oder: Wenn C gilt, so gilt D,
Wenn B gilt, so gilt C,
Wenn A gilt, so gilt B,
Also: Wenn A gilt, so gilt D.

Im ersten Falle geht die Ordnung der Prämissen zu immer weiteren Folgen herab, im zweiten zu weiter zurückliegenden Gründen zurück; dort wird **episyllogistisch**, hier **prosyllogistisch** geschlossen. — Ein abgekürzter zusammengesetzter Schluß ist das **Epicherem**, in welchem eine, oder auch beide Prämissen eines einfachen Schlusses durch Hinzufügung von Gründen erweitert sind. Aristoteles versteht darunter einen Versuchsschluß. Im Gegensatz zum Epicherem ist das **Enthymem** ein verkürzter einfacher Schluß, bei dem die nicht ausgedrückte Prämisse in Gedanken ergänzt werden muß. — Im **Kettenschluß** oder **Sorites** ist die episyllogistische Schlußkette dadurch vereinfacht, daß sämtliche Schlußsätze, mit Ausnahme des letzten, weggelassen sind. Man unterscheidet den **aristotelischen** und **goclenischen** (Rudolf Goclenius 1547 bis 1628) Sorites; ersterer schreitet von den niederen Begriffen zu den höheren fort; letzterer geht vom Allgemeineren auf das minder Allgemeine:

I. α) A ist B
　　B ist C
　　―――――
　　A ist C.
　β) (A ist C)
　　C ist D
　　―――――
　　A ist D.

II. α) C ist D
　　B ist C
　　―――――
　　B ist D.
　β) (B ist D)
　　A ist B
　　―――――
　　A ist D.

Bei **Aristoteles** sind die Untersätze mit Ausnahme des ersten, bei **Goclenius** die Obersätze mit Ausnahme des ersten nicht ausgesprochen.

XX. Kapitel.

Die Induktion.

§ 108.

Das Wesen des Induktionsschlusses besteht darin, dafs von dem **Besondern auf das Allgemeine** geschlossen wird:

　Sowohl M 1 als M 2 als M 3 ... ist P.
　Sowohl M 1 als M 2 als M 3 ... ist S.
　――――――――――――――――――――
　　Also: Jedes S ist P.

Soll die Induktion vollkommen sein, dann mufs durch die vollständige Aufzählung des Besondern die ganze Sphäre des Allgemeinen erschöpft werden: Merkur hat Axendrehung: ebenso Venus, Erde, Mars, Jupiter, Saturn; das aber sind die alten Planeten; also haben sämtliche alte Planeten Axendrehung. Die Induktion hat sich besonders vor zwei Fehlern zu hüten, nämlich einmal vor der falschen Verallgemeinerung, welche **nicht** auf einer vollzähligen Aufzählung des Besondern beruht; und sodann vor der unberechtigten Annahme eines nicht vorhandenen Kausalzusammenhanges, also vor einer Verwechslung des post hoc mit dem propter hoc.

§ 109.

Als der Vater der Induktion ist Sokrates zu betrachten. Plato bedient sich dieser Methode zum Zwecke der Auffindung einer das Allgemeine erschöpfend umfassenden Definition. Aristoteles lehrt: „Inductio est progressio a singularibus ad universale." Dafs für den Stagiriten die Induktion neben dem Syllogismus nur geringen Wert hat, folgt aus § 7. Weiter ausgebildet ist die Methode der Induktion zuerst durch Baco von Verulam; confr. § 11, während der Idealismus dieselbe zwar nicht vollständig verschmäht, aber für ihre Fortbildung wenig leistet. Über Hegel siehe den folgenden §. Schleiermacher erklärt: „Im Hinsehen auf die ursprünglichen Akte des Induktionsprozesses liegt die Möglichkeit der ursprünglichen Akte des Deduktionsprozesses." „Der Deduktionsprozefs mufs überall auf den Induktionsprozefs zurückgehn." In der That ist die Hervorhebung der Deduktion auf Kosten der Induktion von seiten des Aristoteles einseitig. Denn wenn auch die Induktion allein nicht zu unzweifelhaft sicheren Resultaten führen kann, so liegt es doch im Wesen des menschlichen Erkenntnisvermögens begründet, dafs die Deduktion die Induktion als ihre unzertrennliche Begleiterin fordert.

§ 110.

Hegel sagt: „Bei der Induktion können die Einzelheiten niemals erschöpft werden. Man hat wohl diese und jene, man hat viele Beobachtungen gemacht, aber nicht alle Fälle, nicht alle Individuen sind beobachtet worden. Dieser Mangel der Induktion ist es, **welcher zur Analogie führt.**" Der Schlufs der Analogie geht vom Besonderen auf ein anderes Besondere:

$$M \text{ ist } P,$$
$$\underline{S \text{ ist gleichartig mit } M;}$$
$$\text{Also: } S \text{ ist } P.$$

Man hat bisher bei allen Planeten ein bestimmtes Gesetz der Bewegung gefunden; also wird bei einem neuentdeckten Planeten dasselbe Gesetz Anwendung finden. Aristoteles unterscheidet den Schluſs der Analogie vom Syllogismus und der Induktion, weil er weder vom Ganzen auf den Teil, noch vom Teile auf das Ganze, sondern vom Teil auf den Teil gehe. Wenn **Kant** den Wert der Analogie und der Induktion den Schlüssen gegenüber auf eine gewisse Nützlichkeit für Erfahrungserkenntnisse beschränkt, so hat das wenig Sinn, wenn man bedenkt, daſs die Vernunftschlüsse nach Kants Meinung nicht imstande sind, die Erkenntnis des realen Seins zu erwirken. Jedenfalls ist der Erkenntniswert der Analogie durch die Entwicklung der Naturwissenschaften in helles Licht gestellt.

§ 111.

Der Schluſs der Analogie kann im allgemeinen als unvollkommner Induktionsschluſs bezeichnet werden. Ist bei der unvollkommnen Induktion der Schluſssatz S ist P problematisch, überwiegen aber dabei die für die Wahrheit sprechenden Gründe den Gegengründen gegenüber, dann ist **die Wahrscheinlichkeit** der Gültigkeit vorhanden. Stellt man diese Wahrscheinlichkeit bildlich als einen Bruch dar, dessen Zähler die Anzahl der günstigen, dessen Nenner aber die Anzahl der überhaupt verglichenen Fälle anzeigt, dann ist dieselbe natürlich um so gröſser, je geringer der Unterschied zwischen Zähler und Nenner ist. Hierbei darf indes die Abschätzung der Gründe und Gegengründe nicht blofs eine auf Zahlen beruhende **mathematische** sein; dieselbe muſs vielmehr die innere Kraft der für und wider sprechenden Instanzen berücksichtigen, also **dynamischen** Charakter haben. Ein Beispiel für den Miſsbrauch der Wahrscheinlichkeitsrechnung liefert **von Hartmanns** Philosophie des Unbewuſsten; confr. **Lange**, Geschichte des Materialismus, 2. Auflage.

§ 112.

Unter dem Gesichtspunkte der Wahrscheinlichkeit ist auch die **Hypothese** zu betrachten. Bei ihr wird eine ungewisse Prämisse vorläufig als wahr angenommen. Diese vorläufige Annahme soll sich durch die Prüfung der Konsequenzen zur möglichst grofsen Wahrscheinlichkeit, resp. zur Gewifsheit umwandeln. Gelingt es, den vorausgesetzten Grund derart als den einzig möglichen zu erkennen, dafs diese Erkenntnis die Annahme aller sonst noch denkbaren Gründe ausschliefst, dann wird die Hypothese zur Wahrheit. Die wahrscheinlichste Hypothese zeichnet sich durch möglichst grofse Einfachheit, d. h. durch den Ausschlufs von Hülfshypothesen, aus; simplex veri sigillum. — Die Hypothese spielt als Erkenntnismittel, und zwar als berechtigtes Erkenntnismittel, besonders in den Natur- und Geschichtswissenschaften eine nicht unbedeutende Rolle. Man denke an die Theorie Darwins, an deren Fortbildung durch Ernst Haeckel, an die Hypothese Wolffs u. a. über die Entstehung der homerischen Gesänge, an die Evangelienkritik etc.; ebenso ist hier an die Wichtigkeit dieser Erkenntnisweise für den das Urteil fällenden Richter zu erinnern. Plato versteht unter Hypothese eine Annahme, woraus anderes abgeleitet wird. Dieses andere ist indes nicht das allgemeine Gesetz als erkannter Wesensgrund des einzelnen, so dafs die erkannte Wahrheit des letzteren die Wahrheit der Annahme involvierte; es ist vielmehr nur eine Anzahl von Folgerungen, deren vorläufige Wahrheit durch die Hypothese begründet werden soll. Der volle Beweis liegt für Plato nur in der Deduktion. Nach Aristoteles wird in der Hypothese eins der beiden Glieder des kontradiktorischen Gegenteils als wahr angenommen, ohne dafs dessen Wahrheit, wie beim wirklichen Schlufs, bewiesen ist. Die Hypothese hat für ihn nicht blofs didaktischen, sondern auch wissenschaftlichen Wert. Die der Herbartschen Philosophie zu Grunde liegenden Realen sind ihrem ganzen Wesen nach hypothetische Annahmen. Mill sagt: „Ohne (hypothetische) Voraussetzungen würde die Wissenschaft ihren jetzigen Stand nicht erreicht haben; sie sind notwendige Schritte bei dem Suchen nach etwas Gewisserem und beinahe alles, was jetzt Theorie ist, war einst Hypothese." Schliefslich mögen noch folgende Worte Trendelenburgs angeführt werden, II. Seite

310 ff.: „Unsere ganze Begriffswelt bietet das Schauspiel einer grofsen Hypothese. Unsere Vorstellungen messen sich immer an den Erscheinungen. Die erforschten Begriffe stehen fest da; die sich bildenden schweben noch. Die schwebenden suchen Boden zu gewinnen, indem sie sich auf die festen stützen oder an ihnen halten wollen. Da entsteht nun ein Anziehen und Abweisen, je nachdem sie verträglich sind, — oder unverträglich. Es kann geschehen, dafs in diesem Kampfe der fest geglaubte Begriff durch den feindlichen neuen besiegt wird, indem dieser den festen Begriff mit den andern Begriffen und mit den Erscheinungen in Zwiespalt und sich selbst mit ihnen in Einklang zu setzen weifs. Ehe die festen wurzelten, hatten sie denselben Kampf zu bestehen. In dieser Wechselwirkung entsteht und wächst und erhält sich das Reich des erkennenden Geistes. Wer die Wahrheit als einen fertigen und sichern Besitz des Geistes ansieht, der gerät wohl, wenn er diesen durchgehenden Kampf gewahrt, in skeptische Bedenken. Aber der Geist kennt keine träge Erbschaft; er nennt nur sein, was er erworben hat und behauptet. Diese Arbeit ist sein Stolz und das Gemeingut des Geschlechts. **Die Form der Hypothese ist die Weise jedes werdenden Begriffs.**"

XXI. Kapitel.

Der Beweis.

§ 113.

Induktion, Analogie, Wahrscheinlichkeitsbeweis und Hypothese sind berechtigte Mittel zum Auffinden der Wahrheit. Die volle, unzweifelhafte Wahrheit aber wird nur erkannt durch den **direkten Beweis.** Dieser Umstand hat darin seinen Grund, dafs **der Beweis** mit dem vollkommnen Schlusse zusammenfällt; confr. § 101. Folgt der Schlufssatz aus solchen Prämissen, deren Wahrheit unbedingt feststeht, dann kann die Wahrheit desselben keinem Zweifel unterliegen.

Hierbei erinnern wir uns des in § 69 und 86 Erörterten. Da hiernach der Realgrund mit dem Erkenntnisgrunde zusammenfallen mufs, so müssen auch in dem vollkommnen Beweise Realgrund und Erkenntnisgrund sich decken. — Diese unerläfsliche Bedingung vollkommner Erkenntnis fehlt bei dem indirekten Beweise. Indem dieser die Verbindung einer ungewissen Prämisse mit einer oder mehreren gewissen voraussetzt, beweist er aus der Unwahrheit einer Konsequenz die Unwahrheit jener und eben damit die Wahrheit des kontradiktorischen Gegenteils derselben. Schliefst der indirekte Beweis in successiver Weise sämtliche Möglichkeiten bis auf eine einzige aus, dann wird diese dadurch zur Gewifsheit. Soll z. B. auf dem Wege des indirekten Beweises entschieden werden, ob die Welt durch Zufall, oder durch blinde Notwendigkeit, oder durch eine freie Ursache entstanden ist, dann wird auf Grund der Harmonie des Weltalls die Unmöglichkeit der beiden ersten Annahmen und damit die Wahrheit der dritten dargethan. Diese Wahrheit beruht indes nicht auf der Übereinstimmung von Realgrund und Erkenntnisgrund; es ist nur in affirmativer Weise erwiesen, dafs die Welt ihren Grund nicht in Zufall und blinder Notwendigkeit hat. Der diesem indirekten Beweise entsprechende direkte würde lauten: Im Weltall herrscht absolute Harmonie; absolute Harmonie hat ihren Grund im freien Gedanken; also: Das Weltall hat seinen Grund im freien Gedanken. Hier fällt das zusammen, was im indirekten Beweise nicht miteinander koincidiert; denn die Harmonie des Weltalls schliefst wohl den Zufall und die blinde Notwendigkeit aus, nicht aber ist dieselbe der vermittelnde Realgrund für die allein übrig bleibende Möglichkeit. — Der Gegenbeweis besteht darin, dafs das kontradiktorische Gegenteil einer Behauptung erwiesen wird. Er kann natürlich sowohl direkt, als auch indirekt geführt werden. Der vollkommne Gegenbeweis mufs die Gründe des irrtümlichen Beweises erschöpfend darthun.

§ 114.

Aristoteles definiert den Beweis dahin, daſs bei demselben der Schluſs den Gattungsbegriff, die materiale Wahrheit und Notwendigkeit aber die specifische Differenz bilden. Die dem direkten Beweise zu Grunde liegenden Beweisprincipien beruhen auf unmittelbarer Gewiſsheit und sind als solche über jeden Beweis erhaben. Der apagogische Beweis steht dem direkten an Beweiskraft nach, weil er nicht auf den zuletzt genannten Principien beruht. In Bezug auf den Gegenbeweis fordert Aristoteles „nicht nur die Wahrheit zu sagen, sondern auch den Grund des Irrtums anzugeben." Kant will den indirekten Beweis überhaupt von der Philosophie ausgeschlossen wissen. Trendelenburg sagt: „Indem der direkte Beweis die Notwendigkeit werden läſst, stellt sie der indirekte durch Umgrenzung fest. Es wird gezeigt, daſs die Annahme des Gegenteils unmöglich sei." „Der indirekte Beweis ist der eigentliche Beweis der Verneinung; doch kann er in Verbindung mit einem disjunktiven Urteil, das die möglichen Fälle nebeneinander stellt, eine Bejahung begründen. Die disjunktiven Glieder schlieſsen sich einander aus; wenn das eine ist, sind die andern nicht; und wenn die andern bis auf eins dem Subjekt der allgemeinen Sphäre nicht zukommen, so gehört ihm das Eine als Prädikat. In diesem Verfahren ist die strenge und vollständige Einteilung der möglichen Fälle notwendig, aber oft äuſserst schwierig. Der indirekte Beweis ergiebt nicht an und für sich die Erkenntnis der Bejahung, sondern wirkt nur als Glied in einem gröſsern methodischen Ganzen;" II, 325. Das eigentliche Wesen des Gegenbeweises erhellt am deutlichsten aus Kants transcendentaler Dialektik. Kant sagt zwar: „Der transcendentale Schein hört nicht auf, ob man ihn schon aufgedeckt und seine Nichtigkeit durch die transcendentale Kritik deutlich eingesehen hat;" aber der Grund des die dialektischen Vernunftschlüsse veranlassenden Irrtums wird in einer solchen Weise erörtert, daſs dieser Erörterung auf der Basis der kantischen Principien nahezu das Maſs der Vollkommenheit zu vindizieren ist. Lotze erklärt: „Auf die erste Figur, und zwar vorzüglich auf ihre bejahenden Modi, für unsere Aufgabe ausschliefslich auf Barbara, hat sich gewöhnlich die Aufmerksamkeit gerichtet, wenn von direkt progressiven Beweisen die Rede war; nur hier findet die Unterordnung eines gegebenen Inhalts unter eine allgemeine Wahrheit statt, aus welcher nicht blofs begriffen wird, dafs T gilt, sondern auch warum es gilt." „Die indirekten Beweise verhalten sich formell zu Non-T wie die direkten zu T und erlangen nur darum einige Eigentümlichkeit, weil wir durch sie nicht zu Non—T, sondern zu T kommen wollen; sie sind also nicht behauptende, sondern widerlegende Beweise in Bezug auf Non—T;" Logik, 265 ff. Über die sogenannten Beweisfehler, welche übrigens nicht eintreten können, wenn das vorher Gesagte festgehalten wird, confr. Lotze, 323 ff.

III. Buch:
Kurze Zusammenfassung des logischen Systems.

I. Kapitel.
Das begriffliche Wissen.
§ 115.

Die Logik d. h. die Lehre von den Gesetzen der menschlichen Erkenntnisthätigkeit, setzt zunächst voraus, dafs die Gesetze, deren Wesen sie zum vollen und klaren Bewufstsein bringen will, bereits vor ihrer Arbeit unbewufst vorhanden sind; sie erbaut ihr System ferner auf der gegebenen Basis einer Mannigfaltigkeit von Vorstellungen, welche sich ebenfalls unbewufst gebildet haben; sie fordert endlich, dafs die Sprache, in der sie ihre Gesetze zum Ausdruck bringt, einen möglichst hohen Grad der Ausbildung erlangt hat.

Indem eine Vorstellung durch die Partition in ihre Teilvorstellungen zerlegt wird, wird der reale Inhalt derselben durch die Gesamtheit jener Teilvorstellungen ausgedrückt. Durch Reflexion auf die gleichartigen und durch Abstraction von den ungleichartigen Merkmalen entstehen die allgemeinen Vorstellungen, von denen aus durch die Determination minder allgemeine gebildet werden können. Das gegenseitige Verhältnis der Vorstellungen wird ausgedrückt durch die Bezeichnungen: Übergeordnet, untergeordnet, nebengeordnet, gleichgeltend, konträr entgegengesetzt, kontradiktorisch entgegengesetzt, einstimmig, widerstreitend, disjunkt, disparat. Mit der Verminderung des Umfangs einer Vorstellung wird im allgemeinen der Inhalt verdeutlicht und bereichert.

Der Begriff ist eine Vorstellung, in welcher das Wesen der betreffenden Objekte einheitlich zusammengefafst ist. Im Unterschiede von den Attributen und Modis sind die wesentlichen Merkmale diejenigen, welche den allgemeinen Grund für das Bestehen des

Objekts enthalten. Während beim Begriff die eigentümlichen Merkmale den Unterschied nach oben und unten ausdrücken, sind die gemeinsamen diejenigen, welche mit in die Sphäre der über- und untergeordneten Merkmale fallen. Der Umfang des Begriffs stellt sich dar in der **Gattung**; diese umfaßt diejenigen Individuen, welche in den wesentlichen Merkmalen übereinstimmen. Die specifischen Eigentümlichkeiten der innern Organisation werden ausgedrückt durch den **Typus**. Zwischen Gattung und Individuen liegen die **Abarten und Spielarten**.

Die Begriffsbestimmung muß den Gattungsbegriff und die specifische Differenz enthalten. Die Aussage soll das Objekt dem Wesen, nicht aber dem Namen nach bezeichnen. Unter den verschiedenen Arten der Definition (**Essentialdefinition, Realdefinition, Nominaldefinition, Accidentaldefinition**) erzeugt nur die erste wirklich begriffliches Wissen, weil sie die wesentlichen, d. h. also die konstitutiven Merkmale des Objekts angiebt. Mit ihr nahe verwandt ist die Realdefinition, welche den Grund für das Bestehen des Objekts aufzeigt. Falsche Definitionen sind: Die definitio abundans, die auf einem ὕστερον πρότερον beruhende, die zu weite und die zu enge Definition.

Die Einteilung giebt an, welche Arten innerhalb des Umfangs eines Begriffs befaßt sind. Da die Unterschiede an der specifischen Differenz heraustreten, so ist das Princip der Einteilung in der Art und Weise begründet, wie der Gattungsbegriff durch die Arten bestimmt wird. Es liegt im Wesen der vollkommnen Einteilung, daß die Summe der Einteilungsglieder mit dem Umfange des Begriffs zusammenfallen muß. Der **Dichotomie** huldigt Plato, die **Trichotomie** findet sich besonders bei Kant und Hegel, während Schleiermacher der **Tetrachotomie** den Vorzug giebt. Bei der Einteilung kommt es nicht bloß darauf an, daß die Arten und Unterarten vollständig aufgezählt werden; — es ist nicht minder wichtig, daß die bei der Aufzählung zu beobachtende Reihenfolge durchaus der Natur entspricht.

Das begriffliche Wissen involviert die wirkliche Erkenntnis der Objekte; die Erkenntnisformen sind imstande, reale Abbilder des Wirklichen zu erzeugen. Aber das begriffliche Wissen reicht nicht aus, die Erkenntnis des Wesens dieser Formen vollständig zu erschöpfen; es verlangt genauere Angabe der Gründe, welche es berechtigen, verschiedene Objekte einheitlich zusammen zu fassen. Der Begriff setzt das Urteil insofern voraus, als das begriffliche Wissen ohne das urteilende Denken nicht möglich ist; aber er verlangt ebenso eine genauere, umfassendere Analyse des Urteils, um das in seiner wesentlichen Bestimmtheit zu erfassen, dessen er bei seiner Denkthätigkeit nicht entraten kann; was in der systematischen Darstellung getrennt wird, ist in Wirklichkeit stets beisammen.

II. Kapitel.
Das ideelle Abbild der realen Wirklichkeit.

§ 116.

Das Urteil ist das ideelle Abbild objektiv realer Verhältnisse und Beziehungen. Da im Urteil etwas von etwas ausgesagt wird, so setzt es die Subjekts- und Prädikatsvorstellung voraus.

Im **einfachen Urteil** ist das Subjekt eine einheitliche, unmittelbar in der Anschauung gegebene Vorstellung. Das Benennungsurteil als die einfachste Form des Urteilens überhaupt, beruht auf der Kombination einer unmittelbar gegebenen Vorstellung mit einer im Bewufstsein reproducierten und in der unmittelbaren Ineinssetzung beider. Ist das Prädikat des einfachen Urteils ein Verb oder Adjektiv, dann findet eine doppelte Ineinssetzung statt: Einmal nämlich wird die notwendige Verbindung des Subjekts mit seiner Eigenschaft, resp. Thätigkeit ausgedrückt und sodann wird die bestimmte Eigenschaft und Thätigkeit mit dieser Eigenschaft und Thätigkeit überhaupt in Beziehung gesetzt. Einfache Urteile, deren Subjekte Impersonalien sind, lassen dasjenige, wovon die Eigenschaft, resp. Thätigkeit ausgeht, unbestimmt. Sind die Subjekte Abstracta, dann besteht das Urteil darin, dafs die Thätigkeit oder Eigenschaft mit ihrer Modifikation verknüpft wird. Dem Dinge wird das Prädikat nur mit Rücksicht auf eine bestimmte Thätigkeit oder Eigenschaft beigelegt. Wird durch das Urteil eine Relation von einem Dinge ausgesagt, dann wird zunächst die allgemeine Relationsvorstellung mit der objektiv gegebenen verknüpft. Aufserdem findet bei dergleichen Urteilen noch eine doppelte Verknüpfung statt, welche darauf beruht, dafs die Relation einmal die Beziehung zu demjenigen, was das Relationswort näher bestimmt und sodann die Beziehung zu dem Subjekte, von dem die Relation überhaupt ausgesagt wird, involviert. Die erzählenden Urteile sind zeitlich giltig, die erklärenden dagegen allgemein giltig.

Wird dasselbe Prädikat an einer Reihe von Subjekten wiederholt, dann entsteht **das plurale Urteil**. Von diesem unterscheidet sich das partikulare Urteil dadurch, dafs es eine Ausnahme konstatiert, oder ein allgemeines Urteil vorbereitet. Allgemeine Urteile sind entweder empirisch oder unbedingt allgemein.

Während **die Urteile a posteriori** d. h. die Erfahrungsurteile, auf empirischem Wege zustande kommen, werden **die Urteile a priori** derart vollzogen, dafs die Verbindung von Subjekt und Prädikat in ihrer objektiven Notwendigkeit nicht auf der Erfahrung, sondern auf einem der Erfahrung vorausgehenden, im Denken gründenden Faktor beruht. **Analytische Urteile** sagen aus, was im Subjekte versteckterweise enthalten ist; **synthetische Urteile** dagegen verknüpfen nicht unmittelbar zusammengehörende Vorstellungen in einer solchen Weise, dafs diese Verknüpfung das Produkt des urteilenden Denkens ist. Das zuletzt Gesagte betrifft die Entstehung der Urteile. Analytische Urteile lösen den erfahrungsmäfsig gegebenen Stoff einfach in die einzelnen Bestandteile auf; synthetische Urteile entstehen dadurch, dafs das urteilende Denken auf Grund seiner apriorischen Fähigkeiten die objektiv wahre Verbindung verschiedener Vorstellungen erwirkt. Wie die Urteile a priori und a posteriori stets zusammenwirken, so läfst sich zwischen den synthetischen und analytischen Urteilen keine feste Grenze ziehen.

Der Qualität nach sind die Urteile entweder bejahend oder verneinend. Die Negation setzt die Position voraus; denn ursprünglich sind die Urteile sämtlich positiv. Dem negativen Urteil liegt das Bewufstsein zu grunde, dafs die Vorstellungskombination der objektiven Wirklichkeit nicht entspricht. Da das negative Urteil das positive voraussetzt, so richtet es sich naturgemäfs nach den verschiedenen Formen des letzteren. Die vier Arten von Urteilen, welche sich aus der Kombination der Quantität mit der Qualität ergeben, werden bezeichnet durch die Vokale:

a, i, e, o.

Von kontradiktorisch entgegengesetzten Urteilen verneint das eine dasselbe, was das andre bejaht: a o und i e. Konträr entgegengesetzt sind die Urteile a und o. Aufserdem sind die Urteile i und o subkonträr, vorausgesetzt, dafs beiden derselbe Inhalt zu grunde liegt.

Der Satz des Widerspruchs lautet: Kontradiktorisch entgegengesetzte Urteile können nicht beide wahr sein, vielmehr mufs das eine oder andre falsch sein.

Der Satz der Identität drückt aus, dafs jedes Ding nur als sich selbst gleich gedacht werden darf; jedes Ding ist, was es ist. Dafs jedes im Subjekt liegende Merkmal demselben als Prädikat beigelegt werden darf, wird durch den Grundsatz der Einstimmigkeit ausgedrückt.

Der Satz des ausgeschlossenen Dritten bezieht sich auf zwei kontradiktorisch entgegengesetzte Urteile und besagt, da von diesen notwendig das eine oder andere wahr sein mufs, dafs die Wahrheit eines dritten oder mittleren Urteils unmöglich ist. Die Antwort auf ein und dieselbe in demselben Sinne verstandene Frage kann nur Ja oder Nein sein. Es ist indes festzuhalten, dafs sich der Satz vom ausgeschlossenen Dritten auf zwei kontradiktorisch entgegengesetzte **Urteile**, nicht aber auf zwei kontradiktorisch entgegengesetzte **Prädikate** bezieht.

Der Modalität nach sind die Urteile **problematisch, assertorisch, apodiktisch**. Das problematische Urteil sagt aus, dafs der Urteilende in Bezug auf die zu beantwortende Frage ungewifs ist. Assertorische und apodiktische Urteile unterscheiden sich dadurch voneinander, dafs erstere auf Grund unmittelbarer Gewifsheit, letztere auf Grund des Beweises ausgesprochen werden. Die objektive Notwendigkeit ist teils in dem innern Wesen, teils in der äufseren Kausalität begründet. Sie ist dadurch erkennbar, dafs die allgemeinen Gesetze, unter denen das Einzelne steht, erkennbar sind. Die reale Möglichkeit entrückt bei ihrer urteilsmäfsigen Betrachtuug die Dinge dem zeitlichen Verlaufe des wirklichen Geschehens und fafst die ihnen zukommenden Prädikate als in ihrem bleibenden Wesen begründet ins Auge.

Der Satz vom zureichenden Grunde sagt aus, dafs dasjenige, was die Gewifsheit der Gültigkeit des Urteils im Denken erzeugt, zugleich dasjenige ist, was den Inhalt der Aussage objektiv begründet. Wie mit dem Grunde die Folge notwendig gesetzt ist, so ist mit der Folge der Grund notwendig aufgehoben.

Der Relation nach sind die Urteile **kategorisch, hypothetisch, disjunktiv**.

Das kategorische Urteil hat in dem Bisherigen seine Erledigung bereits gefunden. Die hypothetischen und disjunktiven Urteile kommen insofern in Betracht, als sie Aussagen enthalten, welche die Form von Hypothesen haben. **Das hypothetische Urteil** behauptet, dafs zwischen Vordersatz und Nachsatz das Verhältnis von Grund und Folge bestehe. Werden zwei unbedingt gültige Urteile in das zuletzt genannte Verhältnis gestellt, dann besagt das hypothetische Urteil, dafs, wer das eine annimmt, das andre notwendig annehmen mufs. Nach **dem disjunktiven Urteil** mufs von einer Anzahl möglicher, aber **unvereinbarer Hypothesen die eine notwendig wahr sein.** Es findet seinen einfachsten Ausdruck in dem Satze vom ausgeschlossenen Dritten. **Das divisive Urteil** drückt die gesamte Anzahl der Subjekte, welche unter eine allgemeine Vorstellung fallen können, als **gesetzt** aus. **Die unmittelbaren Folgerungen** bezeichnen die verschiedenen sprachlichen Wendungen und Ausdrucksweisen, in denen sich ein und dasselbe Urteil aussagen läfst. Sie bilden als unmittelbare Schlüsse den naturgemäfsen Übergang zum dritten Teile der Logik. **Die Opposition** bezieht sich auf die Qualität, oft auch mittelbar auf die Quantität der Urteile; **die Veränderung der Relation** geht auf die Relation selbst, indem z. B. ein unbedingt allgemeines Urteil in ein hypothetisches verwandelt wird. **Die Äquipollenz** bezieht sich auf die Übereinstimmung zweier Urteile bei verschiedener Qualität; **die Subalternation** bezeichnet den Übergang von der ganzen Sphäre des Subjektsbegriffs auf einen Teil derselben und umgekehrt. Nach **der modalen Konsequenz** wird aus der Notwendigkeit die Wirklichkeit und Möglichkeit, aus der Wirklichkeit die Möglichkeit abgeleitet; ebenso aus der Verneinung der Möglichkeit die der Wirklichkeit und Notwendigkeit etc. **Die Konversion** geht auf das Verhältnis der Elemente des Urteils zu der Relation desselben; so wird z. B. aus dem Urteil A ist B ein neues, dessen Subjekt B und dessen Prädikat A ist. **Die Kontraposition** endlich macht bei einem Urteil das kontradiktorische Gegenteil des Prädikats zum Subjekte und dieses zum Prädikat; dabei verwandelt sich die Bejahung in Verneinung und umgekehrt. Indem die unmittelbaren Folgerungen als Umformungen eines Urteils sich blofs auf den sprachlichen Ausdruck beziehen, ist ihr Wert für die Erkenntnis objektiver Wahrheit kein bedeutender.

III. Kapitel.
Die erwiesene Übereinstimmung von Denken und Sein.

§ 117.

Der Schluſs ist die Verknüpfung zweier Urteile zur Erzeugung eines dritten, das in keinem von jenen beiden bereits enthalten war. Die beiden Urteile, aus denen der Schluſssatz gefolgert wird, d. h. **die Prämissen,** haben den Mittelbegriff als gemeinschaftlichen Bestandteil. Der **Untersatz** enthält das Subjekt, der **Obersatz** das Prädikat des Schluſssatzes. **Die Schluſsmodi** sind die Schluſsweisen, welche auf den verschiedenen Kombinationsformen der Prämissen mit Rücksicht auf deren Quantität und Qualität beruhen.

Der Schluſs hat die Bedeutung eines wirklichen Erkenntnismittels. Der Mittelbegriff nämlich, welcher den Erkenntnisgrund für den Schluſssatz enthält, enthält nicht minder den Realgrund für die Wahrheit desselben: τὸ μὲν γὰρ αἴτιον τὸ μέσον. Was im Realen der Grund ist, das ist im Logischen der Mittelbegriff des Schlusses.

Im einfachen kategorischen Schlusse sind die Elemente sämtlich kategorisch.

Die Einteilung des Schlusses beruht darauf, daſs der Mittelbegriff in der einen Prämisse Subjekt, in der andern Prädikat, oder in beiden Prämissen Prädikat, oder auch in beiden Subjekt sein kann. Wird hierbei im ersten Falle der terminus minor (Untersatz) und der terminus major (Obersatz) genauer beachtet, dann ergiebt sich, daſs der Mittelbegriff das Subjekt zum terminus major und das Prädikat zum terminus minor, oder das Prädikat zum major und das Subjekt zum minor sein kann. Demnach unterscheidet man **vier Schluſsfiguren,** von denen die erste die erste Abteilung der ersten Figur und die letzte die zweite Abteilung der ersten Figur bildet.

Zu keinem gültigen Schluſs kann gelangt werden,

Kap. III. Die erwiesene Übereinst. von Denken u. Sein. § 117.

wenn 1) der Satz in Anwendung kommt: **ex mere negativis nihil sequitur;** oder wenn 2) der Satz gilt: **ex mere particularibus nihil sequitur;** oder wenn 3) **ein partikularer Obersatz mit einem verneinenden Untersatze verbunden wird.**

Die vier gültigen Schlufsmodi der ersten Figur heifsen: **Barbara, Celarent, Darii, Ferio.** Hierbei bezeichnen die Vokale die Arten der Urteile, welche sich aus der Verbindung der Quantität und Qualität ergeben, während die Anfangskonsonanten die Reihenfolge der Schlufsmodi ausdrücken.

Die gültigen Modi der zweiten Figur führen die Namen: **Cesare, Camestres, Festino, Baroco.** Hierbei beziehen sich die Anfangskonsonanten auf diejenigen Modi der ersten Figur, auf welche die aristotelische Scholastik dieselben zum Beweise ihrer Giltigkeit zu reducieren pflegte.

Die dritte Figur hat sechs gültige Modi, welche die Namen führen: **Darapti, Felapton, Disamis, Datisi, Bocardo, Ferison.**

Die fünf gültigen Modi der vierten Figur werden bezeichnet: **Bamalip, Calemes, Dimatis, Fesapo, Fresison.**

In Bezug auf die Erkenntnis der Wahrheit sind die allgemein bejahenden und die allgemein verneinenden Schlufssätze die wichtigsten; jene fördern unsere Erkenntnis in positiver Weise; diese führen zwar nur zu einem negativen, aber doch durchaus sichern Resultate.

Beim **hypothetischen Schlufse** wiederholen sich sämtliche Schlufsweisen, welche beim kategorischen vorkommen.

Im **gemischten hypothetischen Schlufs** unterscheidet man den **Modus ponens** und den **Modus tollens.** Im ersteren Falle wird eine kategorische Prämisse mit einer hypothetischen derart verbunden, dafs erstere die Wirklichkeit der Bedingung behauptet; im letzteren verneint die kategorische Prämisse die Wirklichkeit der Bedingung: Posita conditione ponatur conditionatum; — sublato conditionato tollatur conditio.

Die disjunktiven Schlüsse teilen sich ebenfalls in reine und gemischte. Sie folgern die Gültigkeit eines bestimmten Gliedes mit Ausschluſs aller übrigen. Kategorisch-disjunktive und hypothetisch-disjunktive Schlüsse im weitern Sinne können in allen Figuren gebildet werden. Schlüsse aus kopulativen und disjunktiven Prämissen heiſsen: **Dilemma, Trilemma, Polylemma**.

Was **die Modalität des Schlusses** anbetrifft, so hat für den Fall, daſs die Prämissen gleiche Modalität haben, der Schluſssatz natürlich dieselbe Modalität. Bei ungleicher Modalität folgt der Schluſssatz dem geringeren Grade der Wirklichkeit.

Die zusammengesetzten Schlüsse unterscheiden sich dadurch von den einfachen, daſs bei ihnen der Schluſssatz aus mehr als zwei Urteilen abgeleitet wird. In **der Schluſskette** ist eine Anzahl von Schlüssen derart aneinander gereiht, daſs der Schluſssatz des einen die Prämisse des andern ausmacht. Geht die Ordnung der Prämissen zu immer weiteren Folgen, dann wird episyllogistisch, geht jene Ordnung zu weiter zurückliegenden Gründen zurück, dann wird prosyllogistisch geschlossen. Während das Enthymem ein verkürzter einfacher Schluſs ist, werden im **Epicherem** die Prämissen durch Hinzufügung von Gründen erweitert. Im **Kettenschluſs** sind sämtliche Schluſssätze mit Ausnahme des letzten weggelassen; (Aristotelischer und Goklenischer Sorites).

Die Induktion ist dann vollkommen, wenn die vollständige Aufzählung des Einzelnen die ganze Sphäre des Allgemeinen erschöpft. Die Induktion führt zur **Analogie,** welche vom Besondern auf ein anderes Besondere geht. **Der Wahrscheinlichkeitsbeweis** sucht durch genaues Abwägen der Gründe und Gegengründe der Wahrheit nahe zu kommen. Indem endlich **die Hypothese** eine ungewisse Prämisse vorläufig als wahr annimmt, versucht sie dieselbe durch Prüfung der Konsequenzen als richtig zu erweisen. Die Hypothese wird dann zur Wahrheit, wenn es gelingt, den vorausgesetzten Grund als den allein möglichen darzuthun.

Der Beweis im vollen Sinne des Wortes ist ein Schlufssatz, wecher aus unzweifelhaften Prämissen in direkter Weise folgt; in ihm decken sich Realgrund und Erkenntnisgrund. **Der indirekte Beweis** setzt die Verbindung einer ungewissen Prämisse mit einer oder mehreren gewissen voraus und beweist aus der Unwahrheit einer Konsequenz die Unwahrheit jener und damit die Wahrheit des kontradiktorischen Gegenteils. Dieser Beweis führt in negativer Weise zur vollkommenen Gewifsheit; nicht aber können bei ihm Realgrund und Erkenntnisgrund zusammenfallen. **Der Gegenbeweis,** welcher in seiner vollkommenen Form die Gründe des Irrtums erschöpfend darthun mufs, besteht darin, dafs das kontradiktorische Gegenteil einer Behauptung erwiesen wird.

Mit der Darstellung des Beweises hat die Logik ihr Geschäft vollendet. Die Übereinstimmung von Denken und Sein, d. h. das Wissen, ist dadurch als möglich erwiesen, dafs die Gesetze, denen das Denken bei seiner Erkenntnisthätigkeit unterstellt ist, als solche dargethan sind, welche mit den Gründen des realen Seins und Geschehens in Harmonie stehen. Der vollkommene Nachweis dieser Harmonie kann indes in principieller Weise nur dadurch geführt werden, dafs dasjenige, was in Buch II. Kap. II. als Voraussetzungen der Logik bezeichnet wurde, einer genauen erkenntnismäfsigen Erörterung unterzogen wird: Das ist die wesentliche Aufgabe der Psychologie.

www.ingramcontent.com/pod-product-compliance
Lightning Source LLC
Chambersburg PA
CBHW051528230426
43668CB00012B/1784